Deutsch in Alltag und Beruf

Kurs- und Übungsbuch A1.2

mit Audios und Videos

Margit Doubek
Susan Kaufmann
Ulrike Moritz
Margret Rodi
Lutz Rohrmann
Ralf Sonntag
Ellen M. Zitzmann
(Werte- und Orientierungsmodule)

Ernst Klett Sprachen

Stuttgart

Von
Susan Kaufmann, Ulrike Moritz, Margret Rodi, Lutz Rohrmann, Ralf Sonntag, Margit Doubek, Ellen M. Zitzmann
in Zusammenarbeit mit Eva Harst
Lisa Göbel: Phonetik
Theo Scherling: Video-Clips, Drehbuch.

Projektleitung: Annalisa Scarpa-Diewald, Sabine Hoppe
Redaktion: Annalisa Scarpa-Diewald, Anne-Kathrein Schiffer, Anna Weininger
Gestaltungskonzept und Layout: Britta Petermeyer, Snow, München
Umschlaggestaltung: Studio Schübel, München
Coverfoto: © Fotolia.com – Ettore und goodluz
Illustrationen: Hans-Jürgen Feldhaus, Feldhaus Text & Grafik, Münster

Fotoarbeiten: Hermann Dörre, Dörre Fotodesign, München

Für die Audios:
Tonstudio: Wavegarden, Mitterretzbach
Musik: Annalisa Scarpa-Diewald
Aufnahme, Schnitt, Mischung: Johannes Then

Für die Videos:
Produktion: Bild & Ton, München
Regie: Theo Scherling

Verlag und Autoren danken Stefanie Dengler, Ludwig Hoffmann, Beate Meyer, Anna Pilaski, Renato F. da Silva und allen
Kolleginnen und Kollegen, die mit wertvollen Anregungen zur Entwicklung des Lehrwerks beigetragen haben.
Wir danken außerdem dem Lebensmittelmarkt Feneberg (München), dem Café-Bistro Amadeus (München) sowie allen
Kollegen und Kolleginnen für ihre freundliche Unterstützung bei den Fotoaufnahmen.

Linie 1 Österreich A1 – Materialien

Kurs- und Übungsbuch A1.1 mit Audios und Videos	607064	Lehrerhandbuch A1	607067
		Testheft mit Audios	607066
Kurs- und Übungsbuch A1.2 mit Audios und Videos	607065		

Audio-Dateien zum Download unter www.klett-sprachen.de/linie1-oesterreich/audioA1   Code: L1A-a1?A
Video-Dateien zum Download unter www.klett-sprachen.de/linie1-oesterreich/videoA1   Code: L1A-a1!V
Besuchen Sie uns auch im Internet: www.klett-sprachen.de/linie1-oesterreich
Lösungen, Transkripte, Kapitelwortschatz u.v.m. kostenlos unter www.klett-sprachen.de/linie1-oesterreich
Zu diesem Buch gibt es Audios, die mit der Klett-Augmented-App geladen
und abgespielt werden können.

Klett-Augmented-App
kostenlos downloaden
und öffnen

Seiten mit Audios
scannen

Audios laden, direkt
nutzen oder speichern

Der Umwelt zuliebe!

Scannen Sie diese Seite für weitere Komponenten zu diesem Titel.

1. Auflage   1⁹ ⁸ ⁷ | 2025 24 23

© Ernst Klett Sprachen GmbH, Rotebühlstraße 77, 70178 Stuttgart, 2017

Satz und Repro: Franzis print & media GmbH, München
Druck und Bindung: Elanders GmbH, Waiblingen

ISBN 978-3-12-607065-2

Miteinander leben und arbeiten

Sehr geehrte Damen und Herren, liebe Lernende, liebe DaZ-Lehrende,

mit *Linie 1 Österreich* unterstützen wir die Menschen, die neu nach Österreich gekommen und nun asylberechtigt sind oder subsidiären Schutz erhalten haben, auf ihrem Weg in die Gesellschaft.
Linie 1 Österreich führt die Lernenden Schritt für Schritt an die österreichische Standard-Sprache heran und macht sie so sprachlich fit für Alltag und Beruf und damit für ein selbstständiges Leben in Österreich. In den Werte- und Orientierungsmodulen am Ende des Kurs- und Übungsbuches finden Sie zudem Material, das zur Bewusstmachung und zur Auseinandersetzung mit der Alltagskultur, den gesellschaftlichen Regeln, Werten und Verhaltensweisen in Österreich beiträgt. Dieses orientiert sich am „Rahmencurriculum für A1-Deutschkurse mit Werte- und Orientierungswissen" des Österreichischen Integrationsfonds (ÖIF). Die Prüfungsvorbereitung ist ebenfalls integraler Bestandteil von *Linie 1 Österreich*.

Dem ÖIF danken wir hiermit für die gute Zusammenarbeit bei der Konzeption und Erstellung des Materials.

Wir wünschen Ihnen, den Deutschlernenden und den Unterrichtenden, viel Erfolg und Freude mit *Linie 1 Österreich*!
Ihr Verlag Ernst Klett Sprachen

Werte- und Orientierungsmodule

Linie 1 – aktiv und sicher zum Lernerfolg

Ziele

Linie 1

→ stellt das Sprachhandeln in den Vordergrund und macht so fit für Alltag und Beruf.

→ trainiert gezielt alle Fertigkeiten: Hören, Sprechen, Lesen und Schreiben.

→ bietet eine sanfte Grammatikprogression und eine systematische Ausspracheschulung.

→ unterstützt den Unterricht mit heterogenen Lerngruppen.

→ orientiert sich am „Gemeinsamen Europäischen Referenzrahmen für Sprachen" (GER).

Der Gesamtband A1 führt zum Niveau A1 und bietet Material für ca. 160–200 Unterrichtsstunden.

Struktur Kursbuch und Übungsteil

Linie 1 hat auf jeder Niveaustufe

→ 16 Kapitel mit Kursbuch und Übungsteil,

→ 8 Haltestellen mit einem Angebot zur spielerischen Wiederholung und zur Prüfungsvorbereitung,

→ eine alphabetische Wortliste,

→ einen Grammatiküberblick im Anhang,

→ Seiten zu Werten und Orientierung,

Aufbau der Seiten

Die **Einstiegsseiten** führen in das Kapitelthema ein und präsentieren Lernziele, Wortschatz und wichtige Redemittel.

Auf **3 Doppelseiten** werden die sprachlichen Schwerpunkte des Kapitels in mehreren Lernsequenzen erarbeitet und gefestigt. Alle vier Fertigkeiten werden ausgewogen geübt.

In den **Rückschauseiten** werden der Lernerfolg gesichert „Das kann ich" und die Grammatik zusammengefasst „Das kenne ich".

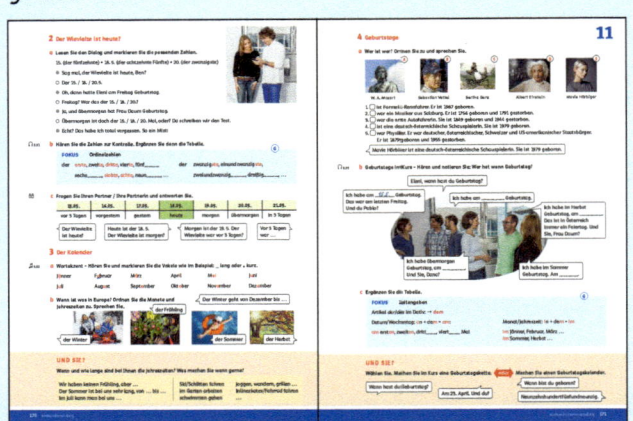

Die Übungsbuchkapitel schließen direkt an die Kursbuchkapitel an und folgen in der Nummerierung dem Kursbuchteil. **Zu jeder Aufgabe** im Kursbuchkapitel gibt es vertiefende Übungen im Übungsteil.

Kursbuch

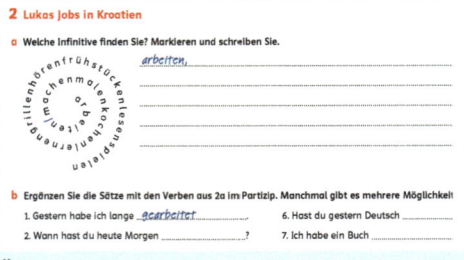

Übungsteil

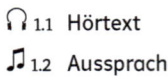 1.1 Hörtext	 Partnerarbeit	www → A1/K6 Online-Übung
1.2 Aussprache	Gruppenarbeit	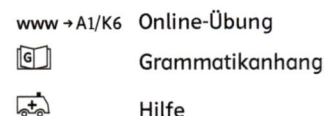 Grammatikanhang
Wiederholung	oder Binnendifferenzierung	Hilfe

 Video-Clip

Tipp

Endlich Freizeit!

1 Freizeitaktivitäten

a Sehen Sie das Bild an und ordnen Sie zu.

.... grillen   .... Fußball spielen   ...*4*... Musik hören

.... schwimmen   .... lesen   .... joggen   .... tanzen

🎧 3.02–05   **b** Hören Sie. Welche Aktivitäten sind das?

1. *grillen*   2. ....   3. ....   4. ....

c Ihre Freizeit – Was machen Sie wie oft? Sprechen Sie.

Am Wochenende lese ich immer die Zeitung.

Wir gehen oft ins Kino.

Manchmal treffe ich Freunde.

Ich fahre sehr selten Rad.   Ich jogge nie.

immer   **oft**   manchmal   selten   nie

100 %   0 %

Lernziele

Sprechen über Freizeitaktivitäten sprechen; sich verabreden; erzählen, was man gemacht hat | **Hören** Gespräche in der Freizeit | **Schreiben** bei einem Kursanbieter Informationen zu einem Kurs einholen | **Lesen** private Nachrichten; ein Veranstaltungsprogramm; Notizen im Internet | **Beruf** sonntags arbeiten

2 Kommst du mit?

a Lesen Sie. Was machen Jan und Dana am Freitagabend? Kommt Maria auch mit?

A

Hi, Jan,
endlich ist das Wetter wieder gut und es regnet nicht mehr! Hast du am Freitag Zeit? Ben und ich grillen im Park. Ich treffe ihn um sechs. Wen können wir noch einladen? LG
Dana

C

Hallo, Maria!
Dana, Ben und ich grillen zusammen. Hast du am Freitag um sechs Uhr Zeit? Du kannst gerne deine Tochter mitbringen. Bringt ihr einen Ball mit?
Gruß,
Jan

B

Hi, Dana,
ja, die Sonne scheint ☀! Ich komme gerne! Vielleicht kann Maria auch kommen? Ich frage sie und dann rufe ich dich an.
Bis bald,
Jan

D

Hallo, Jan!
Am Freitagabend kann ich leider nicht. Aber am Sonntag möchte ich dich einladen. Rufst du mich morgen an?
Liebe Grüße
Maria

b Markieren Sie in den Texten *mich*, *dich*, *ihn* und *sie*. Wer ist das? Schreiben Sie.

G

Text A
ihn = Ben

Personalpronomen

Nominativ	ich	du	er	es	sie	wir	ihr	sie	Sie
Akkusativ	mich	dich	ihn	es	sie	uns	euch	sie	Sie

🎧 3.06 **c** Maria und Jan telefonieren. Hören Sie. Wann besucht Jan Maria und Tina?

🎧 3.06 **d** Hören Sie noch einmal und ergänzen Sie die Personalpronomen.

● Besuchst du __uns__? Wir laden _____ ein!

○ Ist Tina auch da? Ich möchte _____ kennenlernen!

● Natürlich. Sie fragt _____ immer: Wann besucht

Jan _____ endlich? Hast du ein Frisbee?

○ Ja, klar! Ich kann _____ gerne mitbringen.

e Schreiben Sie Karten und ziehen Sie. A fragt, B antwortet. Dann tauschen Sie.

anrufen   fragen   ihn   deinen Freund

treffen   deine Schwester

einladen   uns   mich

besuchen

...   deine Nachbarn

Rufst du mich an?   Ja, ich rufe dich an.

Possessivartikel im Akkusativ 😊
Die Endungen sind wie bei *einen/ein/eine*:
maskulin: mein**en**/dein**en**/sein**en**/ihr**en** ...
neutrum: mein/dein/sein/ihr ...
feminin: mein**e**/dein**e**/sein**e**/ihr**e** ...

UND SIE?

Eine Freundin hat Sie zum Grillen eingeladen. Wählen Sie.

Schreiben Sie ein E-Mail wie in 2a.   oder   👥 Rufen Sie an. Spielen Sie das Gespräch.

3 Was machen wir am Samstag?

a Lesen Sie die Anzeigen schnell. Ordnen Sie die Zeichnungen zu.

Samstag, 13. Juni

1 *C*
Bleib fit – lauf mit!
Lauftreff für Jung und Alt
Treffpunkt 16 Uhr im
Stadtpark

2
FAMILIENFILM-FESTIVAL
16:00 Uhr   Fünf Freunde
18:00 Uhr   Alles inklusive
20:00 Uhr   Hannas Reise

3
Das Sportcafé
alle ⚽-Spiele **live**
Gartenstraße 24,
Öffnungszeiten: 11–24 Uhr

4
Schwimmbad
Spaß für die ganze Familie!
Täglich von 8–19 Uhr!

5
La Brass Banda
Das Sommerkonzert!
Samstag 20 Uhr in der Konzerthalle
Eintritt 20 Euro
Karten unter www.ticketsonline.at

6
Linz mit dem Fahrrad!
2-Stunden-Tour ab 11 Uhr
Treffpunkt Hauptplatz
5 € pro Person, Kinder frei

b Lesen Sie 1–6. Welche Anzeige aus 3a passt?

1. Ben möchte joggen. ....*1*....   4. Jan möchte Fußball sehen. ....

2. Tina möchte schwimmen. ....   5. Maria möchte ihre Stadt kennenlernen. ....

3. Dana möchte ins Kino gehen. ....   6. Eleni hört sehr gerne Musik. ....

c Wann ...? Wo ...? Was kostet ...? – Schreiben Sie Fragen zu
den Anzeigen aus 3a. Tauschen Sie und antworten Sie.

Wann ist das Konzert?

Wann kann man schwimmen?   Täglich von 8 bis 19 Uhr.   Am Samstag um ...

🎧 3.07–08 **d** Hören Sie. Über welche Anzeigen sprechen die Personen?

Dialog 1: Anzeigen ...., ..., ...   Dialog 2: Anzeigen ...., ..., ...

UND SIE?

Wollen wir essen gehen?   Ja, gerne!

Planen und spielen Sie Verabredungen.

Hast du am ... um ... Zeit?		
Kannst du morgen Abend?	–	+
Wollen wir ... schwimmen / baden gehen?	Nein, da habe ich keine Zeit.	Ja, gerne!
... essen gehen?	Am ... kann ich leider nicht.	Ja, klar!
... einen Film / Fußball sehen?	Da geht es nicht, aber wir	Natürlich!
... Musik hören?	können ...	Das ist eine gute Idee!
... eine Fahrradtour machen?	Das finde ich nicht so	O.k., Sonntag 19 Uhr ist
... joggen?	interessant.	super!
...?		

4 Was hast du gestern gemacht?

a Sehen Sie die Bilder an. Lesen Sie die Sätze in den Sprechblasen und ordnen Sie sie 1–3 zu.

Ⓐ Wir haben gestern im Park Sport gemacht. Dort haben Jugendliche Musik gehört und getanzt.

Ich habe auch getanzt!

Ⓑ Gestern haben wir gegrillt, aber der Hund hat die Würstel gefressen.

Dann haben wir nur ein bisschen Salat gegessen und etwas getrunken.

Ⓒ Ich habe gestern im Park die Zeitung gelesen.

Und dann habe ich Tom getroffen.

1. ...C... Heute mache ich mit Tom eine Fahrradtour.

2. .... Heute kaufe ich die CD. Die Musik ist super!

3. .... Heute grillen wir wieder. Aber der Hund bleibt zu Hause!

b Was haben die Personen und der Hund gestern gemacht? Markieren Sie in 4a die Partizip-Formen von diesen Verben und machen Sie eine Tabelle.

machen • hören • tanzen • grillen • fressen • essen • trinken • lesen • treffen

Partizip: ge...t	Partizip: ge...en
gemacht	gefressen
	getrunken

c Üben Sie die Verben aus 4b.

tanzen   getanzt

d Das Perfekt im Satz – Ergänzen Sie die Tabelle.

Ⓖ

FOKUS	Perfekt mit *haben*		
	haben: Position 2		Partizip: Ende
Ich	habe	auch	getanzt.
Gestern	haben	wir	.
Der Hund		....	.

Ich mache jetzt Sport. Du auch?

e Ich habe alles schon gemacht! Fragen und antworten Sie wie im Beispiel.

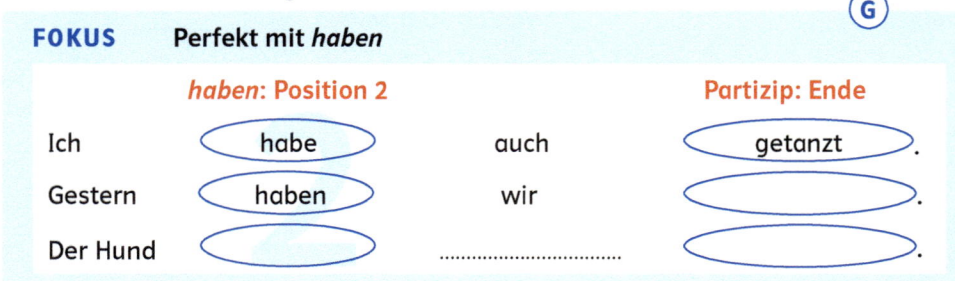

Sport machen • eine Pizza essen • einen Kaffee trinken • Musik hören • tanzen • ...

Nein, ich habe schon Sport gemacht.

5 Wie war's?

a Hören Sie und kreuzen Sie an: ⓐ oder ⓑ? (3.09)

1. Gestern hatte Jan
   - ⓐ Besuch.
   - ⓑ viel Arbeit.

2. Heute hat Jan
   - ⓐ nicht gefrühstückt.
   - ⓑ E-Mails geschrieben.

3. Die Fahrradtour war
   - ⓐ super.
   - ⓑ zu lang.

4. Maria hat
   - ⓐ nicht gut geschlafen.
   - ⓑ lange geschlafen.

5. Tina hat
   - ⓐ Semmeln gekauft.
   - ⓑ die Zeitung gekauft.

6. Maria hat
   - ⓐ einen Kuchen gebacken.
   - ⓑ mit Tina gespielt.

b Hören Sie noch einmal. Wer, wo, wann, was? Erzählen Sie. (3.09)

> Jan besucht Maria. Er hatte gestern ...

c Sätze verlängern – Sammeln Sie Verben aus Aufgabe 4 und 5a und üben Sie.

> grillen

> Ich habe gegrillt.

> Ich habe gestern gegrillt.

> Ich habe gestern Fisch gegrillt.

> Ich hatte Besuch.

> Ich hatte gestern Besuch.

> Ich hatte gestern viel Besuch.

(G)

Vergangenheit

haben und *sein* im Präteritum, die anderen Verben im Perfekt

d Aussprache: *ts* – Hören Sie und sprechen Sie nach. (3.10)

Sie hören/sprechen:
ts

Sie lesen/schreiben:
zu • die **Z**eit • die **Z**eitung • das **Z**immer • **z**wei • tan**z**en •
die Informa**t**ion • die Na**t**ionalität • die Situa**t**ion • funk**t**ionieren •
der Arbei**ts**platz • arbei**ts**los • das Herkunf**ts**land • nach**ts** • nich**ts**

Die Information in der Zeitung ist zu lang. • Tanzen zu zweit? Tut mir leid, ich habe keine Zeit! •
Ich mache nachts nichts, ich schlafe!

e Machen Sie ein Ratespiel zu den Verben aus 4b und 5c. Wählen Sie.

Machen Sie Pantomimen.

 oder

Zeichnen Sie an der Tafel.

> Du hast gebacken.

> Hast du gekocht?

> Nein.

> Ja.

UND SIE?

a Was haben Sie am Wochenende gemacht? Sammeln Sie im Kurs sechs Fragen auf einem Zettel.

b Sammeln Sie Unterschriften von verschiedenen Personen.

Frage	Unterschrift
1. Hast du am Wochenende lang geschlafen?	....
2. Hast du Verwandte getroffen?	....
...	....

c Sagen Sie einen Namen.
Die anderen erzählen.

> Carmine.

> Carmine hat eine Radtour gemacht.

> Carmine hat ...

6 Am Sonntag arbeiten?

a Wer muss am Sonntag arbeiten? Sammeln Sie im Kurs.

> Ärzte müssen manchmal am Sonntag arbeiten.

b Lesen Sie. Welche Fotos passen zu den Texten?

① **Name:** Haruko
Job: Reiseführer

Heute früh um neun habe ich eine Stadtführung gemacht. Ich hatte eine Gruppe Touristen aus Japan, das ist meine Heimat. Sie waren sehr nett. In Salzburg wollen alle das Mozarthaus sehen …
Ich möchte später noch essen gehen. Kommt jemand mit?

② **Name:** Tara
Job: Erzieherin

Endlich Sonntag ☺! Ich habe lange geschlafen. Um elf habe ich mit Bekannten ein Picknick gemacht. Später habe ich meine Mutter getroffen. Wir waren im Filmmuseum. Heute Abend wollen wir essen gehen. Wer kennt das Restaurant auf dem Donauturm (ein Wahrzeichen von Wien)? Wie sind da die Preise?

Ⓐ
Wien:
ein Picknick

Ⓑ
Neusiedler See:
ein Segelkurs

Ⓒ
die Alpen:
eine Wanderung
mit Murmeltier

Ⓓ
Salzburg:
Stadtführung

c Lesen Sie die Texte noch einmal. Welche Aussage passt zu Haruko, welche zu Tara? Eine Aussage passt zu beiden.

1. .... hat heute mit Freunden gefrühstückt.

2. .... hat heute Vormittag gearbeitet.

3. .... hatte eine nette Gruppe.

4. .... geht heute Abend essen.

🎧 3.11 **d** Hören Sie jetzt das Telefongespräch von Beate und Martin. Wer hat am Wochenende gearbeitet?

🎧 3.11 **e** Hören Sie noch einmal und kreuzen Sie an: richtig oder falsch?

	R	F
1. Beates Woche war schön.	☐	☐
2. Beate hat heute eine Wanderung gemacht.	☐	☐
3. Der Kurs von Martin war sehr nett.	☐	☐
4. Martin muss morgen früh aufstehen.	☐	☐

UND SIE?

Wann arbeiten Sie? Sprechen Sie.

> Ich bin Hausfrau. Ich arbeite immer.

7 Ich möchte den Kurs machen.

a Lesen Sie schnell. Welches Angebot ist für Familien?

A www.schweizer-alpen-club.ch

Schweizer Alpen-Club / Sektion Bern

Kurse
Shop
Zeitschrift
Service

Aktuell:

Kletterkurs für Jugendliche
Anfänger und Fortgeschrittene
maximal 10 Teilnehmer

Dauer: 3.5. – 5.7.
10 Termine am Samstag
Ort: Kletterhalle
Kosten: 90 Franken
Ermäßigung für Geschwister 20 %!
Bezahlung: bar oder mit Überweisung
Anmeldung: online oder direkt im Büro

[Kontakt]

B www.sportverein-am-sternplatz.de

Sportverein am Sternplatz

HOME | AKTUELL | UNSERE KURSE

Kurse für alle von 0 – 100!
Neue Kurse:
• **Eltern-Kind-Turnen** für Kinder
  von 3 bis 6 Jahren und ihre Eltern,
  Montag 17 Uhr, Fontane-Grundschule
• **Judo für Buben und Mädchen**
  von 12 bis 14 Jahren,
  Mittwoch 18 Uhr, Sporthalle am Sternplatz

Kostenlose Probestunden!
Rufen Sie an oder schicken Sie eine E-Mail,
wir beraten Sie gerne!
Tel.: 370 43 69
info@sportverein-am-sternplatz.de

b Lesen Sie noch einmal. Wo finden Sie Antworten? Schreiben Sie x oder –.

	Angebot A	Angebot B
1. Wie viele Teilnehmer gibt es?	X	–
2. Wo ist der Kurs?	☐	☐
3. Was kostet der Kurs?	☐	☐
4. Wo ist die Anmeldung?	☐	☐
5. Wie alt muss man sein?	☐	☐
6. Gibt es eine Ermäßigung für Geschwister?	☐	☐
7. Wie lange dauert der Kurs?	☐	☐
8. Kann man eine Probestunde machen?	☐	☐

c Wählen Sie.
Ordnen Sie das E-Mail an den Alpen-Club.   ▶ oder   Schreiben Sie ein E-Mail an den Sportverein.

.... Wir haben aber noch Fragen: Wie alt muss man sein?
Meine Tochter ist 11 Jahre alt, mein Sohn ist 13 Jahre alt.

1 .... Sehr geehrte Damen und Herren, ... Kann man eine Probestunde machen?

.... Mit freundlichen Grüßen

.... Nadia Monti

.... wir haben im Internet Ihre Homepage gefunden.
Meine Kinder möchten gerne den Kletterkurs machen.

⊙ K9

👥

VORHANG AUF

Spielen Sie einen Dialog zu einer Zeichnung.

Wir können …

Was machen wir am Wochenende?

Hast du am Freitag Zeit? Wollen wir …

Was habt ihr am Wochenende gemacht?

ÜBUNGEN

1 Freizeitaktivitäten

a Schreiben Sie zu jedem Buchstaben von *Freizeit* ein passendes Wort.

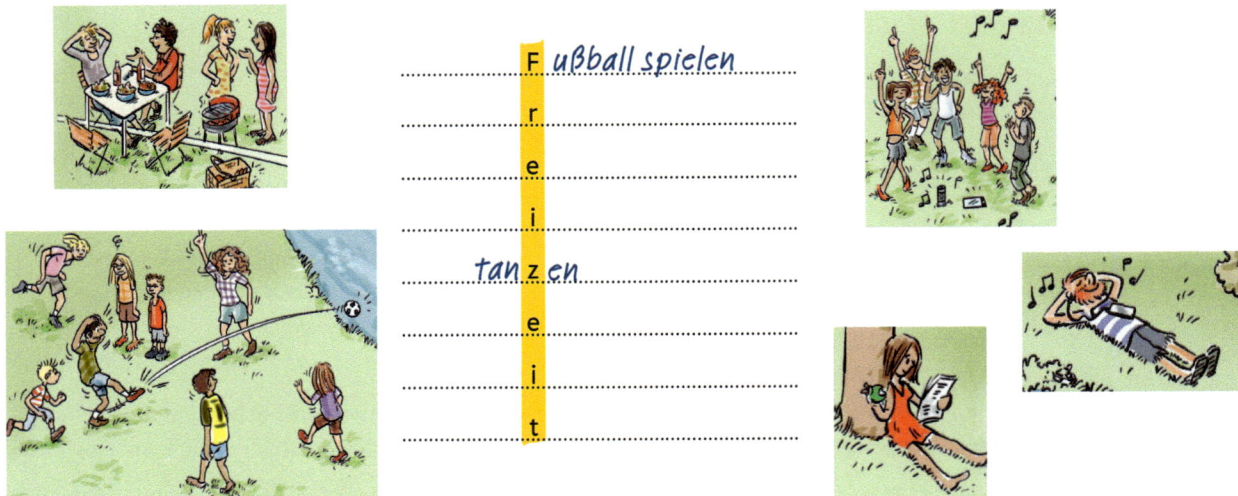

F ußball spielen

r

e

i

tan**z**en

e

i

t

Eis essen • F̶u̶ß̶b̶a̶l̶l̶ ̶s̶p̶i̶e̶l̶e̶n̶ • Musik hören • Freunde treffen • t̶a̶n̶z̶e̶n̶ • grillen • lesen • telefonieren •

b Machen Sie das auch mit anderen Wörtern: *Sonntag, Urlaub.*

S
o
n
n
t
a
g

U
r
l
a
u
b

🎧 3.12 **c** Was machen die Personen am Wochenende? Hören Sie und notieren Sie die Freizeitaktivitäten.

Ben: ruft die Eltern oft an

Maria:

Amir:

spazieren gehen • kochen • Freunde treffen • essen gehen • ausschlafen • d̶i̶e̶ ̶E̶l̶t̶e̶r̶n̶ ̶a̶n̶r̶u̶f̶e̶n̶ • ins Kino gehen • arbeiten • Rad fahren • fernsehen

d Ihre Freizeit – Was machen Sie oft, manchmal, selten? Schreiben Sie drei Sätze.

Ich lade oft meine Familie ein.

Manchmal gehe ich ins Kino.

Ich gehe selten schwimmen.

2 Kommst du mit?

a Lesen Sie und ergänzen Sie die Nachrichten.

habt   leider   einladen   mitbringen   morgen   ~~Zeit~~   Garten

Hallo, Mara, hast du am Samstag
(1) _Zeit_____? Wir möchten
dich (2) .... Wir
können im (3) ....
grillen. Du kannst gerne die Kinder
(4) .... LG, Lena

14:38 ✓

Am Samstag können wir
(5) .... nicht kommen.
Die Kinder haben ein Schulfest. Aber
vielleicht (6) .... ihr
am Sonntag Zeit? Rufst du mich
(7) .... an? Mara

14:40 ✓

b Lesen Sie die Dialoge und markieren Sie die passenden Personalpronomen.

1. ● Hallo, Karin, hast du morgen Zeit? Möchtest du euch/sie/<mark>mich</mark> besuchen?

   ○ Das weiß ich noch nicht. Ich rufe uns/Sie/dich heute Abend an, o.k.?

2. ○ Hier ist noch einmal Karin. Ja, ich habe Zeit!

   ● Gut. Kommt Martin auch? Ich möchte ihn/sie/Sie gerne kennenlernen.

   ○ Gerne. Ich frage mich/dich/ihn gleich. Können wir etwas mitbringen?

   ● Habt ihr Urlaubsfotos aus Kroatien? Ich möchte es/sie/ihn gerne sehen!

   ○ Ja, ich bringe es/ihn/sie mit.

c Verabredungen – Welche Reaktion passt? Kreuzen Sie an: a oder b?

1. ● Hallo, Eleni!
   ○ ⓐ Hallo, Pablo, wie geht's?   ⓑ Was willst du?

2. ● Danke, gut! Hast du morgen Zeit?
   ○ ⓐ Nein, danke.   ⓑ Tut mir leid, morgen kann ich nicht.

3. ● Aber am Wochenende habe ich Zeit.
   ○ ⓐ Super, ich auch!   ⓑ Ja, klar.

4. ● Wollen wir im Park grillen?
   ○ ⓐ Ja, das ist eine gute Idee.   ⓑ Das finde ich nicht.

d Ergänzen Sie die Fragen.

deinen   ~~deine~~   dein   deine   deine   deinen

1. Fragst du ...._deine_....... Freundin?   Ja, ich frage sie gleich.

2. Rufst du .... Bruder an?   Ja, ich rufe ihn heute Abend an.

3. Bringst du .... Baby mit?   Nein, ich bringe es nicht mit.

4. Lädst du .... Nachbarn ein?   Ja, ich lade sie morgen ein.

5. Besuchst du morgen .... Vater?   Nein, ich besuche ihn am Sonntag.

6. Triffst du .... Schwester?   Ja, ich treffe sie heute Abend.

3 Was machen wir am Samstag?

a Lesen Sie und ergänzen Sie die Anzeigen.

Uhr   Treffpunkt   Karten   täglich   ~~Öffnungszeiten~~   Film

① Stadtbad in der Gartenstraße

Unsere _Öffnungszeiten_ :

Montag bis Freitag 7 – 18 Uhr
Samstag und Sonntag 9 – 20 Uhr

② Lauftreff im Stadtpark

immer samstags
und sonntags
Treffpunkt 11 ...., im Park

③ Sonntagskonzert
in der Musikschule
am 8. Mai um 19 Uhr

........................: 6 € pro Person

④ KINO IN DER FABRIK

Montag ist Kinotag!
Jeder .... nur 6,50 €

⑤ Wien für Kinder
2-Stunden-Tour
gratis

.........................:
15 Uhr vor der Oper

⑥ Das Musikcafé

Jeden Abend Live-Musik!

.... 20 bis 1 Uhr

b Schreiben Sie Fragen zu den Anzeigen in 3a und antworten Sie.

1. im Stadtbad / kann / schwimmen / man / Wann / ?
2. ist / Um wie viel Uhr / der Lauftreff / ?
3. das Sonntagskonzert / Wo / ist / ?
4. Was / die Kinokarte / am Montag / kostet / ?
5. der Treffpunkt von „Wien für Kinder" / ist / Wo / ?
6. hat / das Musikcafé / Welche Öffnungszeiten / ?

> *1. Wann kann man im Stadtbad schwimmen?*
> *Montag bis Freitag von 7 bis 18 Uhr,*
> *Samstag und Sonntag von 9 bis 20 Uhr.*

c Ergänzen Sie den Dialog.

O.k., Sonntag 20 Uhr ist super!   Ja, gerne! Das ist eine gute Idee.   ~~Ja, da habe ich Zeit.~~

Das finde ich nicht so interessant.

1. ● Hallo, Jan, hast du am Sonntagabend Zeit?

   ○ ☺ *Ja, da habe ich Zeit.* ....

2. ● In der Musikschule ist ein Konzert. Kommst du mit?

   ○ ☹ ....

3. ● Wir können auch ins Musikcafé gehen. Da spielt mein Freund Igor.

   ○ ☺ ....

4. ● Gut, dann Sonntagabend um 20 Uhr!

   ○ ☺ ....

d Verabredungen – Schreiben Sie eine Nachricht.

Liebe/Lieber ...,	ich möchte dich	Hast du am ... Zeit?	Bis bald ...
Hallo, ...,	einladen/besuchen/	Wir können ...	
Hi, ...,	sehen/treffen.	Vielleicht möchte ... auch mitkommen?	
		Du kannst ihn/sie gerne mitbringen.	
		Wir können auch noch ... fragen.	
		Rufst du ihn/sie an?	

> *Lieber Theo, ich möchte dich ...*

4 Was hast du gestern gemacht?

a Markieren Sie das Partizip und schreiben Sie den Infinitiv.

Das sagt Tobias:

1. Ich habe Sport gemacht. _machen_

2. Ich habe gefrühstückt. ....

3. Ich habe gelernt. ....

4. Ich habe Mittag gegessen. ....

5. Ich habe Wäsche gewaschen. ....

Das hat Tobias wirklich gemacht:

6. Er hat am Computer gespielt. ....

7. Er hat Musik gehört. ....

8. Er hat eine Zeitschrift gelesen. ....

9. Er hat ein Cola getrunken. ....

10. Er hat seine Freunde getroffen. ....

b Diese Verben kennen Sie schon. Schreiben Sie das Partizip in eine Tabelle.

~~lesen~~   ~~spielen~~   essen   hören   fragen   schlafen   lernen

trinken   machen   treffen   tanzen   suchen   frühstücken

sehen   grillen   feiern   träumen   kochen   sagen   kaufen

ge...t	ge...en
gespielt	gelesen

c Ergänzen Sie den Dialog mit den Verben im Partizip.

● Was hast du gestern (1) _gemacht_ (machen)?

○ Ich habe meine Freundin (2) .... (treffen). Wir haben Musik

(3) .... (hören). Später haben wir (4) .... (kochen) und

zusammen (5) .... (essen) und ein Glas Wein (6) .... (trinken).

Und du?

● Ich habe lange (7) .... (lernen). Dann war ich müde. Ich habe einen Film

(8) .... (sehen) und ein bisschen (9) .... (lesen). Und dann

habe ich (10) .... (schlafen). Aber heute möchte ich tanzen gehen, kommst du mit?

○ Ja, gerne!

d Schreiben Sie die Sätze im Perfekt.

1. Ich / gestern / spät / frühstücken / .
2. lesen / ich / die Zeitung / Dann / .
3. ich / im Park / meine Freunde / treffen / Später / .
4. grillen / zusammen / Wir / .
5. wir / Am Abend / tanzen / .

1. Ich habe gestern spät gefrühstückt.

e Und Sie? Was haben Sie gestern gemacht? Schreiben Sie drei Sätze.

Ich habe gestern ...

5 Wie war's?

a Im E-Mail sind sechs Partizipien falsch. Markieren Sie die Fehler und korrigieren Sie.

Hallo, Clara,

                   geschrieben

ich habe lange nicht geschreibt, das tut mir leid. Aber jetzt habe ich endlich Zeit ☺! Der Tag

heute war sehr schön. Ich habe lange geschlaft. Tina hat Semmeln gekauft. Wir haben eine

Stunde gefrühstücken. Dann habe ich die Zeitung gelesen und Tina hat gespielen. Später habe

ich einen Kuchen gebacken. Am Nachmittag war Jan da. Zuerst haben wir Kaffee getrinken

und Kuchen gegesst. Und dann haben wir zusammen Frisbee gespielt. Das war sehr lustig!

Und morgen beginnt eine neue Arbeitswoche.

Bis bald und liebe Grüße!

Maria

b Schreiben Sie Fragen wie im Beispiel.

1. gut schlafen? _Hast du gut geschlafen?_
2. schon frühstücken? _Hast du schon_
3. deinen Tee trinken? _____
4. Apfelsaft kaufen? _____
5. Kuchen backen? _____
6. Kaffee kochen? _____
7. Wäsche waschen? _____

♫ 3.13   **c Aussprache: Lange Sätze üben.**

Hören Sie und sprechen Sie nach.

1. gemacht	am Wochenende gemacht	Was hast du am Wochenende gemacht?
2. gelesen	am Samstag Zeitung gelesen	Ich habe am Samstag Zeitung gelesen.
3. geschlafen	lange geschlafen	Ich habe lange geschlafen.
4. gefrühstückt	zwei Stunden gefrühstückt	Wir haben am Sonntag zwei Stunden gefrühstückt.
5. gespielt	im Park Fußball gespielt	Ich habe im Park Fußball gespielt.

6 Am Sonntag arbeiten?

Ergänzen Sie den Text.

Hallo, Stefanie,

liebe Grü*ße* aus Graz! Meine Arb_____ als Schwimmlehrer ist super!

Gestern habe ich einen Kurs gema_____. Da waren zehn Kin_____. Sie waren sec___ Jahre alt und sehr

lus_____! Am Abend habe ich Martin getrof_____. Wir waren zusam_____ essen. Morgen mu___ ich nicht

arbeiten und kann ausschla_____. Und du? Wie g_____ es dir?

Wann besuc_____ du mich in Graz?

Viele Grüße,
Emil

7 Ich möchte den Kurs machen.

Eine Nachricht an den Sportverein – Welche Sätze passen: ⓐ oder ⓑ? Kreuzen Sie an. Schreiben Sie dann.

ⓐ Hi! Meine Töchter müssen Sport machen.

ⓐ Im Internet habe ich Ihre Homepage gefunden.
ⓐ Ich habe noch ein paar Fragen.
ⓐ Zu viele Kinder im Kurs finde ich nicht gut.
ⓐ Ich möchte nicht viel bezahlen.
ⓐ Wie lange dauert der Kurs?
ⓐ Tschüs,
   Gabriella

ⓧ Sehr geehrte Damen und Herren, meine Töchter möchten Judo lernen.
ⓑ Deine Homepage ist super!
ⓑ Antworten Sie, bitte!
ⓑ Wie viele Teilnehmer gibt es?
ⓑ Gibt es eine Ermäßigung für Geschwister?
ⓑ Ist der Kurs lang?
ⓑ Mit freundlichen Grüßen,
   Gabriella Pasqualina

Sehr geehrte Damen und Herren, ...

LEICHTER LERNEN

a Arbeiten Sie mit Lernkarten.

Verben

schlafen
Er/sie schläft.
Ich habe geschlafen.
Am Sonntag habe ich
lange geschlafen.

Nomen

der Hund, die Hunde

Adjektive

schnell ↔ langsam

b Wiederholen Sie die Wörter regelmäßig. Lernen Sie mit Karten.

lesen: Er/Sie liest. Ich habe gelesen. Ich lese gerne die Zeitung.
Okay, das kann ich.

bezahlen? Das muss ich wiederholen.

Das ist neu. Das muss ich lernen!

RICHTIG SCHREIBEN

Stehen die Verben richtig? Lesen Sie und markieren Sie die Fehler. Korrigieren Sie die Sätze.

1. Wo das Konzert ist?

2. Gerne ihr hört Musik?

3. Wir nicht gerne hören Musik.

4. Wir einladen euch.

5. Wir tanzen können am Samstag.

6. Gestern haben wir getroffen Freunde.

7. Sie buchstabieren bitte.

1. Wo ist das Konzert?

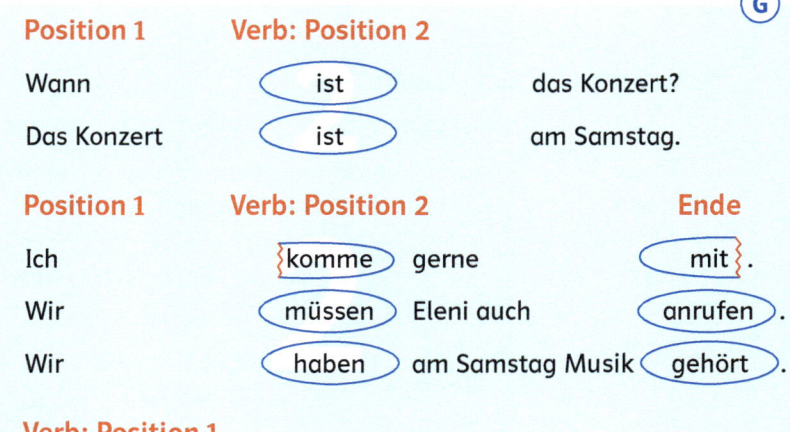

G

Position 1	Verb: Position 2	
Wann	ist	das Konzert?
Das Konzert	ist	am Samstag.

Position 1	Verb: Position 2		Ende
Ich	komme	gerne	mit.
Wir	müssen	Eleni auch	anrufen.
Wir	haben	am Samstag Musik	gehört.

Verb: Position 1

Grillt ihr morgen?
Wiederholen Sie, bitte!

Mein Deutsch nach Kapitel 9

Das kann ich:

über Freizeitaktivitäten sprechen

Fragen und antworten Sie.

● Was machst du am Sonntag?
○ Ich …, und du?
● Ich …

mich verabreden

> In der Tanzschule am Stadtpark beginnt am Sonntag ein neuer Tanzkurs!
> **Jeden Sonntag, 10 Termine, von 19 Uhr bis 21 Uhr**

Spielen Sie einen Dialog.

Tanzkurs?

Wann? … Wo? …

erzählen, was ich gemacht habe

Samstag • Sonntag • gestern

Sprechen Sie.

Was hast du am Samstag gemacht?

Am Samstag habe ich meine Freundin getroffen. Und du?

ein E-Mail an einen Kursanbieter schreiben

Kochen macht Spaß!
Unser aktuelles Angebot:

Italienisch kochen – Wochenendkurs am 24. und 25.10.

Für mehr Informationen schreiben Sie uns bitte ein E-Mail an info@kochen-macht-spaß.com.

Setzen Sie die Wörter ein.

Grüßen   Ermäßigung   Kurs   kostet

Sehr geehrte Damen und Herren,

ich möchte gerne den .... „Italienisch kochen" machen. Was .... der Kurs?

Gibt es eine .... für Studenten?

Mit freundlichen ....   www → A1/K9

Das kenne ich:

(G)

Personalpronomen im Nominativ und Akkusativ

Nominativ	ich	du	er	es	sie	wir	ihr	sie	Sie
Akkusativ	mich	dich	ihn	es	sie	uns	euch	sie	Sie

Possessivartikel im Akkusativ

	maskulin	neutrum	feminin	Plural
ich frage	mein**en** Freund	mein Kind	meine Freundin	meine Nachbarn
Genauso:	dein, sein, ihr, unser, euer/eure, ihr, Ihr			

Perfekt

ge…t	ge…en
ge**macht**	ge**gess**en
ge**hört**	ge**trunk**en
ge**tanz**t	ge**les**en

Perfekt mit *haben*

Position 1	Position 2: *haben*		Partizip: Ende
Ich	habe	auch	getanzt.
Gestern	haben	wir	gegrillt.
Der Hund	hat	die Würstel	gefressen.

Neu in Österreich

10

1 Luka ist da!

a Sehen Sie das Foto an. Sammeln Sie Fragen und finden Sie gemeinsam Antworten.

einkaufen   Urlaub machen   ~~ein Praktikum machen~~   Freunde besuchen   …

Deutsch lernen   einen Sprachkurs machen   arbeiten

> Was will der Mann in Österreich machen?

> Ich glaube, er …

> Vielleicht will er in Österreich ein Praktikum machen.

> Woher …?

b Was möchten Sie in Österreich machen?

Lernziele

Sprechen über Tätigkeiten in der Vergangenheit sprechen; Verständnisfragen stellen; nachfragen; Arbeitsaufträge formulieren |
Hören wesentliche Informationen aus Arbeitsaufträgen verstehen; Gespräche am Arbeitsplatz | **Schreiben** Auskünfte über
berufliche Erfahrungen | **Lesen** einen Bericht über die Stellensuche; einen Wegweiser; kurze Porträts | **Beruf** neu im Betrieb   **151**

2 Lukas Jobs in Kroatien

a Was hat Luka schon gemacht? Ordnen Sie die Sätze 1–8 den Bildern zu und sprechen Sie.

 Ⓐ ③    Ⓑ ☐    Ⓒ ☐    Ⓓ ☐

 Ⓔ ☐    Ⓕ ☐    Ⓖ ☐    Ⓗ ☐

1. Eis verkauft
2. im Supermarkt gearbeitet
3. Nachhilfe gegeben
4. Frau Costa geholfen

5. Musik gemacht
6. Waschmaschinen repariert
7. Touristen gezeichnet
8. Autos gewaschen

> Luka hat schon Nachhilfe gegeben.

b Schreiben Sie die Partizip-Formen aus 2a in eine Tabelle.

Ⓖ

ge...(e)t	ge...en	...t / ...en
arbeiten – gearbeitet	waschen –	verkaufen –
machen –	geben –	reparieren –
	helfen –	

~~ge-~~

Verben mit **-ieren** und Verben mit **be-** und **ver-** haben kein **ge-**.

c Ergänzen Sie in Ihrer Tabelle auch diese Verben.

funktioniert • gezeichnet • renoviert • telefoniert • begrüßt • gefunden • bestellt • bezahlt • verdient • geschrieben • gelernt • gesehen • fotografiert • benutzt • besucht • verstanden • bekommen

♫ 3.14

d Aussprache: Der Konsonant *h* – Hören Sie und sprechen Sie nach.

Sie sprechen /h/ am Wortanfang: heute • hier in Hollabrunn • hören • Hausübungen • helfen • zu Hause • von Haag nach Hartberg • heiraten • Hallo, Hanna, ich bin hier! • Hans hat Hunger. • Herr Haselsteiner hat heute seinen Hund gewaschen.

nach Vorsilben: gehört • geheiratet • geholfen • mithören • verheiratet • abholen • aufhängen

e Schreiben Sie Fragen im Perfekt.

Hast du
Habt ihr   schon einmal ...
Haben Sie

auf Deutsch • eine Wohnung • viel Geld • eine Sprache • ein Fahrrad • ein Wörterbuch • Essen • eine Einladung

geschrieben • benutzt • gelernt • repariert • verdient • gekocht • telefoniert • renoviert

Haben Sie schon einmal auf Deutsch telefoniert?

UND SIE?

Fragen und antworten Sie.

> Nein. Ich habe noch nicht auf Deutsch telefoniert.

> Hast du schon einmal auf Deutsch telefoniert?

> Ja, das habe ich schon gemacht.

3 Luka erzählt.

a Lesen und ordnen Sie Lukas Blog.

☐ Und dann war der Tag da: Meine Familie und viele Freunde sind zum Bahnhof gekommen. Wir haben „tschüs" gesagt und ich bin nach Österreich gefahren. Morgen ist mein erster Arbeitstag. Ich bin ein bisschen nervös. Drückt mir die Daumen!

☐ Ich habe sie gefragt: „Haben Sie Arbeit für mich?" „Leider nicht", hat sie gesagt. „Wollen Sie im Ausland leben? Es gibt eine Stelle in Österreich." hat sie gefragt. Ich habe gedacht: „Das ist eine super Idee! Ich kann etwas Deutsch." Das habe ich in der Sprachschule gelernt. Ich habe sofort eine Bewerbung geschrieben und meine Papiere geschickt. Nach einer Woche hatte ich ein Gespräch. Über Skype. Ich war ja in Zagreb und die Firma ist in Österreich.

☐ Hallo, Leute! Ich habe eine Stelle in Österreich gefunden. Das war so: Nach der Schule habe ich Automechaniker gelernt. Dann war ich arbeitslos. Ich habe einfach keine Arbeit gefunden. Ein Jahr lang habe ich im Supermarkt gearbeitet, im Café bedient, im Restaurant als Kellner gejobbt usw. Ich bin oft zum Arbeitsamt gegangen ☹. Ich war frustriert. Aber die Sachbearbeiterin war sehr nett ☺.

b Lesen Sie noch einmal. Kreuzen Sie an: richtig oder falsch?

	R	F
1. Luka hat einen Beruf gelernt.	☐	☐
2. Ein Jahr lang hat er in einer Werkstatt gearbeitet.	☐	☐
3. Die Sachbearbeiterin hat Luka geholfen.	☐	☐
4. Er hat eine Arbeit in Österreich gefunden.	☐	☐
5. Lukas Familie ist auch nach Österreich gekommen.	☐	☐

c Ordnen Sie die Sätze 1–4 den Bildern zu.

Ⓐ ☐  Ⓑ ☐   Ⓒ ☐  Ⓓ ☐

1. Luka hat gewartet.
2. Der Bus ist nach Österreich gefahren.
3. Luka ist zum Arbeitsamt gegangen.
4. Er hat eine Bewerbung geschrieben.

Ⓖ
Perfekt mit *sein* bei Verben der Bewegung von A nach B

Präsens	Perfekt	
Er fliegt.	Er **ist** geflogen.	✈
Er geht.	Er **ist** gegangen.	🚶
Er fährt.	Er **ist** gefahren.	🚗

d Kettenübung – Sprechen Sie.

Wir fliegen. ⟩ Wir sind geflogen. ⟩ Du gehst. ⟩ Du bist ge… ⟩

e Spielen Sie. Jede/r schreibt einen Perfekt-Satz mit *sein* und einen Perfekt-Satz mit *haben*. Schneiden Sie das Partizip ab. Mischen Sie die Satzteile und setzen Sie die Sätze wieder zusammen.

Mein Vater ist noch nie   geflogen.   *Meine Frau hat ein Baby   bekommen.*

Wer ist schon nach Hause   gegangen?

4 Neu im Betrieb

🎧 3.15 **a Hören Sie das Gespräch. Wo findet Luka Frau Widhalm?**

ⓐ im ersten Stock, Zimmer 123   ⓓ im ersten Stock, Zimmer 231
ⓑ im zweiten Stock, Zimmer 231   ⓔ im zweiten Stock, Zimmer 321
ⓒ im dritten Stock, Zimmer 321   ⓕ im dritten Stock, Zimmer 231

b Lesen Sie den Wegweiser. Fragen und antworten Sie.

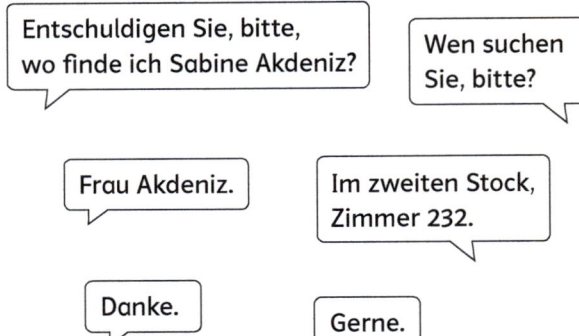

Entschuldigen Sie, bitte, wo finde ich Sabine Akdeniz?

Wen suchen Sie, bitte?

Frau Akdeniz.

Im zweiten Stock, Zimmer 232.

Danke.

Gerne.

Firma Widhalm & Partner Autotechnik

3. Stock
Geschäftsführung – Beate Widhalm   Zimmer 321
Personalbüro – Peter Aigner   Zimmer 302

2. Stock
Buchhaltung – Sabine Akdeniz   Zimmer 232
Betriebsrat – Sandra Zoller   Zimmer 231

1. Stock
Werkstatt – Klaus Köhler   Zimmer 123
Lager – Ursula Haller   Zimmer 105

Erdgeschoß
Kantine – Marion Rupp

🎧 3.16 **c Hören Sie den Dialog. Was ist richtig? Kreuzen Sie an.**

1. Frau Widhalm
   ⓐ hat ein bisschen Zeit.
   ⓑ hat einen Termin.
   ⓒ hat eine Besprechung.

2. Herr Köhler
   ⓐ ist der Kollege.
   ⓑ ist der Chef.
   ⓒ ist der Hausmeister.

3. Luka
   ⓐ arbeitet in der Kantine.
   ⓑ arbeitet in der Werkstatt.
   ⓒ arbeitet im Personalbüro.

4. Luka und Herr Köhler
   ⓐ trinken einen Kaffee.
   ⓑ gehen ins Personalbüro.
   ⓒ bleiben bei Frau Widhalm.

🔁   **d Was sagt die Chefin? Ergänzen Sie die Aufforderungen. Hören Sie zur Kontrolle.**

🎧 3.16

1. *Kommen* .... Sie bitte *herein* ....!

2. .... Sie bitte Platz.

3. .... Sie bitte Herrn Köhler in mein Büro.

4. .... Sie bitte um 15 Uhr noch einmal in mein Büro.

5. .... Sie bitte den Arbeitsvertrag genau ....

6. .... Sie bitte Herrn Horvat ins Personalbüro.

durchlesen   *bringen*
schicken
~~*hereinkommen*~~
kommen
nehmen

e Was soll man tun? Formulieren Sie die Aufforderungen.

Bitte anklopfen!

Bitte klopfen Sie an.

Tür leise schließen.

Motor abstellen

Werkstatt nicht betreten

Essen und Trinken verboten!

BITTE NICHT STÖREN

5 Ein wichtiges Gespräch

🎧 3.17 **a** Hören Sie das Gespräch. Welche Themen kommen vor? Kreuzen Sie an.

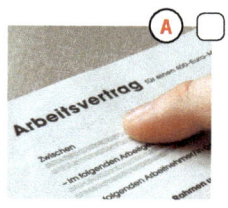 A ☐    B ☐    C ☐    D ☐    E ☐

der Arbeitsvertrag   die Arbeitszeit   das Bürgerservice   der Urlaub   der Pass / der Ausweis

b Lesen Sie die Sätze und ordnen Sie sie den Bildern A–E zu.

1. Sie arbeiten 38,5 Stunden wöchentlich.   *B*

2. Sie haben 24 Tage Urlaub.   ....

3. Haben Sie schon eine Meldebestätigung?   ....

4. Ich brauche Ihre Passnummer.   ....

5. Ich habe den Vertrag noch nicht durchgelesen.   ....

🎧 3.18 **c** Was antwortet Luka? Hören Sie die Sätze und ergänzen Sie die Tabelle.

Ⓖ

FOKUS	Perfekt bei trennbaren Verben		
Infinitiv	**haben/sein: Position 2**		**Partizip: Ende**
an|kommen	Ich ( )	am Freitag	(angekommen).
durch|lesen	Ich (habe)	den Arbeitsvertrag noch nicht	( ).
an|sehen	...... ( )	den Vertrag nur kurz	( ).
mit|bringen	...... ( )	ihn	(mitgebracht).

d Schreiben Sie die Fragen im Perfekt.

1. Wann / aufstehen / du / gestern / ?
2. Wie lange / fernsehen / du / gestern / ?
3. Was / einkaufen / du / gestern / ?
4. Wen / anrufen / du / gestern / ?
5. Wann / ankommen / du / in Österreich / ?

Wann bist du gestern aufgestanden?

Ⓖ

-ge-

Bei den trennbaren Verben steht **-ge-** zwischen der Vorsilbe und dem Verbstamm:

an\|ge\|kommen

auf**ge**standen   ein**ge**kauft
fern**ge**sehen   an**ge**rufen

UND SIE?

a Was haben Sie gestern gemacht? Interviewen Sie Ihren Partner / Ihre Partnerin.

< Wann bist du gestern aufgestanden?   Ich bin gestern um 7 Uhr aufgestanden und ... >

b Was hat Ihr Partner / Ihre Partnerin gestern gemacht? Erzählen Sie im Kurs.

< Sven ist gestern um 7 Uhr ...

6 Das Konto

a Kennen Sie diese Wörter? Ordnen Sie die Wörter den Bildern zu.

1. die Bankomatkarte   2. die Überweisung   3. die Bank   4. die IBAN   5. die PIN   6. das Konto

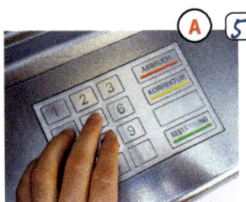
A [5]

B ☐

C ☐

D ☐

E ☐

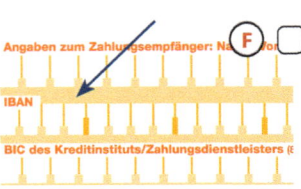
F ☐

🎧 3.19   **b** Hören Sie und schreiben Sie Lukas IBAN. Vergleichen Sie im Kurs.

IBAN

7 Die Anmeldung

🎧 3.20   **a** Wann ist das Bürgerservice offen? Hören Sie die Ansage. Notieren Sie die Öffnungszeiten.

a) Montag   ....

b) Dienstag, Mittwoch, Donnerstag   ....

c) Freitag   ....

b Persönliche Daten – Luka füllt das Anmeldeformular aus. Der Sachbearbeiter hilft. Verbinden Sie.

A So steht es im Formular:

1. Bisherige Wohnung
2. Neue Anschrift
3. Kinder
4. Familienname, Vorname
5. Vermieter
6. Staatsangehörigkeit
7. Familienstand
8. Geburtsort und Geburtsland

B So fragt der Sachbearbeiter:

a) Wo haben Sie bis jetzt gewohnt?
b) Wie heißen Sie? Wie heißt Ihre Ehefrau?
c) Welche Nationalität haben Sie?
d) Haben Sie Kinder?
e) Wo sind Sie geboren?
f) Sind Sie verheiratet?
g) Wo wohnen Sie jetzt?
h) Wie heißt Ihr Vermieter?

> **nachfragen**
> Was bedeutet das?
> Habe ich das richtig verstanden?
> Können Sie das bitte wiederholen?
> Können Sie das nochmal erklären?

VORHANG AUF

Schreiben und spielen Sie Gespräche mit der Sachbearbeiterin. Wählen Sie.

Bürgerservice

Wo haben Sie gewohnt?

Wo wohnen Sie jetzt?

Personalbüro

Was haben Sie gearbeitet?

8 Neu in Österreich

a Luka hat lange im Bürgerservice gewartet und Leute kennengelernt. Was glauben Sie: Was hat er sie gefragt? Schreiben Sie Fragen.

> *Woher kommen Sie?*

b Lesen Sie die Texte schnell. Was war 1989, 1995 – 1998, 1999, 2003, 2005, 2008, 2010, 2012, 2013, 2015, 2017? Erzählen Sie.

> 2003 hat Ilana eine Ausbildung als Krankenschwester gemacht.

Sie lesen:	Sie hören/sprechen:
1954	neunzehnhundertvierundfünfzig
2008	zweitausendacht

 **A**

Ich heiße Ilana Koleva und komme aus Bulgarien. Ich habe in Sofia die Schule besucht und dort habe ich von 1995 bis 1998 Deutsch gelernt. 2003 habe ich eine Ausbildung als Krankenschwester gemacht. 2010 habe ich noch einmal intensiv Deutsch gelernt. Die Prüfung habe ich 2012 gut bestanden. Ein Jahr später sind mein Ehemann und ich nach Österreich gekommen.

 **B**

Mein Name ist Selin Schneider. Ich bin 1999 in Berlin geboren. 2005 sind wir nach Wien gekommen. Ich bin noch Schülerin.
Meine Hobbys sind Motorräder und Computerspiele. 2015 habe ich den Motorradführerschein gemacht.
Mein Vater arbeitet bei der Post. Vielleicht beginne ich dort 2017 eine Ausbildung. Oder ich arbeite später als Köchin, wie meine Mutter!

 **C**

Ich heiße Sergej Kusmin und komme aus Russland. Ich bin 1989 geboren. Ich habe in Moskau Physik studiert und dann Musik gemacht.
2008 bin ich nach Östereich gekommen. Ich habe in Salzburg Musik studiert. Dann habe ich Musikunterricht gegeben. 2013 habe ich Helena kennengelernt. Es war Liebe auf den ersten Blick. Wir wollen bald heiraten und in Österreich bleiben.

c Bilden Sie 3er-Gruppen. Jede/r liest einen Text (A, B oder C) langsam und genau. Fragen und erzählen Sie.

> Wie heißt deine Person?   Sie heißt Ilana Koleva.   Woher kommt sie?

UND SIE? K10

Was haben Sie 19.../20... gemacht? Schreiben Sie Karten mit Jahreszahlen und legen Sie sie auf einen Zeitstrahl. Fragen und erzählen Sie.

> Was ist 1992 passiert?

> Was hast du 1992 gemacht?

> 1992 bin ich geboren.

ÜBUNGEN

1 Luka ist da!

🎧 3.21 **a Was hat Luka im Bus gemacht? Hören Sie und ordnen Sie die Bilder.**

b Was hat Luka gemacht? Ergänzen Sie die Verben im Partizip.

~~lesen~~   trinken   schlafen   essen   lernen

Ich habe Zeitung (1) _gelesen_____.

Dann habe ich ein Brot (2) _____.

Ich habe Kaffee (3) _____.

Später habe ich Deutsch (4) _____. Ich will richtig gut Deutsch sprechen.

Dann war ich müde. Ich habe bis Klagenfurt (5) _____.

2 Lukas Jobs in Kroatien

a Welche Infinitive finden Sie? Markieren und schreiben Sie.

hörenfrühstückenlesenspielen/lernen/grillen/machen/malen/kochen/arbeiten

arbeiten, _____

_____

_____

_____

_____

b Ergänzen Sie die Sätze mit den Verben aus 2a im Partizip. Manchmal gibt es mehrere Möglichkeiten.

1. Gestern habe ich lange _gearbeitet_____.

2. Wann hast du heute Morgen _____?

3. Die Kinder haben Ball _____.

4. Hast du gestern Mittagessen _____?

5. Was hast du gestern Abend _____?

6. Hast du gestern Deutsch _____?

7. Ich habe ein Buch _____.

8. Gestern haben wir im Park _____.

9. Wir haben heute Musik _____.

10. Hast du das Bild _____?

c Und Sie? Wählen Sie fünf Partizipien und schreiben Sie über sich.

Ich habe in der Schule Englisch gelernt.

d Schreiben Sie die Infinitive und Partizipien in die Tabelle. Markieren Sie wie im Beispiel.

verkaufen   waschen   verkauft   gewaschen   ~~geben~~   schreiben
~~gegeben~~   geholfen   helfen   ~~besucht~~
telefonieren   trinken   geschrieben   telefoniert   sehen
bestellt   ~~besuchen~~   lesen   ~~finden~~   getrunken   gelesen
~~gefunden~~   gesehen   bestellen

ge...en (Vokal gleich)		ge...en (Vokal nicht gleich)		...t/...en	
geben	gegeben	finden	gefunden	besuchen	besucht

e Schreiben Sie Sätze im Perfekt.

1. machen / Was / du / gestern / ?   Was hast du gestern gemacht?
2. arbeiten / lange / Ich / .   Ich habe ...
3. bekommen / Ich / ein E-Mail / .   ...
4. verstehen / ich / Leider / nicht / das E-Mail / .   ...
5. telefonieren / Dann / mit Markus / ich / .   ...
6. schreiben / Ich / eine Antwort / .   ...
7. korrigieren / Markus / mein E-Mail / .   ...
8. lesen / Später / ich / ein Buch / .   ...
9. Am Abend / essen / eine Pizza / .   ...

f Was haben Sie am Wochenende gemacht? Schreiben Sie ein E-Mail an einen Freund / eine Freundin.

lesen   spielen   kaufen | einen Kuchen   Freunde
sehen   schlafen   backen | einen Film   Fußball   ein E-Mail
kochen   schreiben   besuchen | Essen   Lebensmittel

Liebe Anna,
mein Wochenende war toll. Ich habe ...
....
....
....
....
....

3 Luka erzählt.

a Schreiben Sie den Text über Joana in der Vergangenheit.

Das ist Joana. Sie kommt aus Bulgarien und ist Ingenieurin
von Beruf. Sie hat in einer ....

....

....

....

....

....

....

Jetzt wohnt sie in Leoben. Die Arbeit ist nicht langweilig
und macht Spaß.

1. in einer Firma arbeiten
2. dann arbeitslos sein
3. keine Arbeit finden
4. zum Arbeitsamt gehen
5. einen Deutschkurs besuchen
6. dann eine Arbeit in Österreich bekommen

b Wie heißen die Verben? Ergänzen Sie.

.....kommen..... ....

c Schreiben Sie die Sätze mit den Verben aus 3b im Perfekt.

1. Du / heute in der Früh / wieder zu spät / ...   *Du bist heute in der Früh wieder zu spät gekommen.*

2. Mein Chef / gestern / nach Amerika / ...   .

3. Ich / gestern / zwei Stunden im Park / ...   .

4. du / mit dem Bus oder mit der U-Bahn / ? / ...   .

5. Gestern / wir / ins Kino / ...   .

 ist geflogen • ~~bist gekommen~~ • bist gefahren • bin gelaufen • sind gegangen

d Ergänzen Sie *haben* oder *sein*.

1. Luka ....*hat*........... eine Arbeit in Österreich bekommen.

2. Er .... mit dem Bus nach Österreich gefahren.

3. Er .... in Kroatien schon ein bisschen Deutsch gelernt.

4. Markus und Dennis .... zum Busbahnhof gekommen.

5. Dann .... sie nach Hause gefahren.

6. Selma .... gekocht.

7. Sie .... gegessen und viel erzählt.

8. Um 22:30 Uhr .... Luka schon geschlafen.

♪ 3.22 **e Aussprache: Wortakzent**

Hören Sie die Wörter. Wo ist der Wortakzent? Markieren Sie. Sprechen Sie.

best<u>e</u>llen – best<u>e</u>llt • arb<u>ei</u>ten – gearbeitet •

telefon<u>ie</u>ren – telefon<u>ie</u>rt • l<u>e</u>sen – gel<u>e</u>sen •

repar<u>ie</u>ren – repar<u>ie</u>rt • verst<u>e</u>hen – verst<u>a</u>nden •

renov<u>ie</u>ren – renov<u>ie</u>rt • bez<u>a</u>hlen – bez<u>a</u>hlt

> – Bei Wörtern mit ver-, be-, ge-
>   ist der Wortakzent nie auf ver-, be-, ge-.
>   (best<u>e</u>llen)
>
> – Bei Wörtern mit -ieren ist der
>   Wortakzent immer auf -ie. (stud<u>ie</u>ren) 😊

4 Neu im Betrieb

Was gehört zu welchem Dialog? Markieren Sie: Dialog 1 (gelb) und Dialog 2 (grün). Schreiben Sie die zwei Dialoge.

1. <mark>Entschuldigung, wo finde ich Hans Stadler?</mark>

2. Vielen Dank.

3. Sabine Fellner oder Christina Fellner?

4. Christina Fellner ist im Erdgeschoß, Zimmer 003.

5. Wen suchen Sie, bitte?

6. <mark>Entschuldigen Sie bitte. Wo finde ich Frau Fellner?</mark>

7. Hans Stadler.

8. Ich suche Christina Fellner.

9. Dritter Stock, Zimmer 308.

10. Danke.

Dialog 1:

Entschuldigung, wo finde ich ...?

Dialog 2:

...

5 Ein wichtiges Gespräch

a Ergänzen Sie die Wörter.

1. Die *Arbeitszeit* ist von Montag bis Freitag von 8:00 bis 16:15 Uhr.

2. Luka hat in einem Jahr 28 Tage ....

3. Luka arbeitet am .... nicht.

4. Er muss den .... gut durchlesen.

5. Das .... braucht die Meldebestätigung.

6. Die Meldebestätigung gibt es im ....

7. Das Personalbüro braucht auch die ....

Arbeitsvertrag
Wochenende
Personalbüro
Bürgerservice
~~Arbeitszeit~~
Urlaub   *Passnummer*

b Verbinden Sie.

1. Ich habe um 19 Uhr   a) eingeladen.
2. Gestern habe ich   b) mitgebracht?
3. Wann ist der Bus aus Klagenfurt   c) ausgeschlafen.
4. Gestern habe ich meine Freundin   d) aufgestanden.
5. Heute in der Früh bin ich spät   e) ferngesehen.
6. Warst du auf der Party? Hast du etwas   f) angekommen?

c Mein Tag gestern – Ergänzen Sie die Verben im Partizip.

~~ausschlafen~~   anrufen   ausgehen   mitbringen   einkaufen   einladen   fernsehen   aufstehen

1. Gestern habe ich ..*ausgeschlafen*........................ .

2. Ich bin erst um 10:00 Uhr ....

3. Am Vormittag habe ich Lebensmittel ....

4. Dann hat meine Freundin ....

5. Sie hat mich zum Kaffee ....

6. Ich habe einen Kuchen ....

7. Am Abend sind mein Mann und ich ....

8. Dann haben wir noch ein bisschen ....

d Was haben Sie gestern gemacht?
Schreiben Sie Sätze über sich selbst.

Gestern habe ich …

6 Das Konto

Sie möchten ein Konto haben. Füllen Sie das Formular aus.

Persönliche Daten

Herr ☐   Frau ☐

....
Familienname, Vorname(n)

....
Straße   Hausnummer

....
Postleitzahl   Wohnort

....
Telefonnummer   E-Mail

....
Nationalität   Beruf

7 Die Anmeldung

🎧 3.23   **a** Hören Sie das Gespräch. Was ist richtig? Kreuzen Sie an: (a), (b) oder (c).

1. Wie ist der Familienstand von Luka?
   (a) Er ist ledig.
   (b) Er ist verheiratet.
   (c) Er ist geschieden.

2. Wo ist Luka geboren?
   (a) In Zagreb, Kroatien.
   (b) In Rijeka, Kroatien.
   (c) In Salzburg.

3. Wo wohnt Luka?
   (a) In einem Haus.
   (b) In einer 5-Zimmer-Wohnung.
   (c) In einer 2-Zimmer-Wohnung.

b Ordnen Sie zu und schreiben Sie die Fragen.

1. Wo haben Sie   a) Kinder?
2. Wie ist Ihr   b) Ihr Vermieter?
3. Sind Sie   c) bis jetzt gewohnt?
4. Haben Sie   d) haben Sie?
5. Wie heißt   e) Familienname?
6. Welche Staatsangehörigkeit   f) verheiratet?

Wo haben Sie bis jetzt gewohnt?

8 Neu in Österreich

a Ergänzen Sie die Texte.

Text 1

wohne   gemacht   gekommen   besucht   ~~komme~~   lebt   gelernt

Ich heiße Michal Kowalski und (1) ....*komme*.................... aus Polen.

Meine Familie (2) .... in Warschau. Dort habe ich die Schule

(3) .... In der Schule habe ich zwei Jahre Deutsch

(4) .... 2009 habe ich eine Ausbildung als Automechaniker

(5) .... 2012 bin ich nach Österreich (6) ....

Jetzt (7) .... ich in Linz.

Text 2

Montag   Hobby   Arbeit   Wochenende   Freitag   Woche   Ausbildung

Mein Name ist Maria Vanzetti. Ich bin 2008 nach Villach gekommen.

Ich habe eine (8) .... als Sachbearbeiterin gemacht. Meine

(9) .... ist interessant. Ich arbeite von

(10) .... bis (11) .... Am

(12) .... arbeite ich nicht. Mein (13) ....

ist Kochen. Zweimal in der (14) .... besuche ich einen Kochkurs.

b Schreiben Sie einen Text über eine Person.

Ammar ist 2013 nach Österreich gekommen. Er ...

LEICHTER LERNEN

a Sie kennen ein Wort nicht? Andere Wörter helfen.

Nomen: das Ge**sprä**ch Verb: **sprech**en	Nomen: die **Woche** Adjektiv: **wöch**entlich	Nomen: die Unter**schri**ft Verb: unter**schr**eiben	Nomen: die **Hilfe** Verb: **helfe**n

b Welche ähnlichen Wörter kennen Sie?

jährlich   der Beginn   die Reparatur   das Frühstück   glücklich

RICHTIG SCHREIBEN

a Ergänzen Sie *äu* oder *eu*.

1. das Haus → die H*äu*ser   4. laufen → er l__ft   7. __ch   9. t__er

2. kaufen → der K__fer   5. der Raum → R__me   8. __ro   10. n__n

3. verkaufen → der Verk__fer   6. h*eu*te

b Welche Wörter mit *äu* und *eu* kennen Sie noch?

Mein Deutsch nach Kapitel 10

Das kann ich:

sagen, was ich gestern gemacht habe

frühstücken • einkaufen • kochen •
einen Film sehen ...

Sprechen Sie. Was haben Sie gestern gemacht?

> Gestern habe ich ausgeschlafen
> und lange gefrühstückt.

---

sagen, was ich wann gemacht habe 👥

1991   **2005**
  2000   **2014**

Sprechen Sie.

- ● Wann bist du nach Österreich gekommen?
- ○ Ich bin ... nach Österreich gekommen.
- ● Wann hast du Deutsch gelernt?
- ○ Ich habe ... einen Deutschkurs besucht.
- ● Wann ...

---

einen Wegweiser verstehen und nachfragen 👥

Spielen Sie.

- ● Entschuldigung, wo finde ich Frau ...?
- ○ Wen suchen Sie, bitte? Frau ...?
  ... ist im 3. Stock, Zimmer 204.
- ● Danke.

Aufforderungen formulieren

Schreiben Sie Aufforderungen.

– durchlesen / Arbeitsvertrag / genau / .
– mitbringen / Personalausweis / .
– kommen / ins Personalbüro / .

Lesen Sie den ...

Gespräche mit Sachbearbeitern im Bürger-service oder am Arbeitsmarktservice führen

Beantworten Sie diese Fragen.

– Wo sind Sie geboren?
– Wo haben Sie gewohnt?
– Wo wohnen Sie jetzt?
– Was haben Sie gearbeitet?
– Wo möchten Sie arbeiten?

> Ich bin in ...

www → A1/K10

Das kenne ich: Ⓖ

Formen Partizip II (= Partizip Perfekt)

1. ge-:
  a) einfache Verben:
    arbeiten → ge**arbeit**et
    sehen → ge**seh**en
  b) trennbare Verben:
    einkaufen → ein**ge**kauft

Bei trennbaren Verben steht -ge-
zwischen der Vorsilbe und dem
Verbstamm: ein ge kauft

2. ~~ge~~-:
  c) Verben mit -ieren:
    reparieren → reparier**t**
  d) Verben mit be- und ver-:
    benutzen → benutz**t**
    verdienen → verdien**t**

**Perfekt mit *sein*
bei Verben der Bewegung
von A nach B**

gehen → ge**gangen**
fliegen → ge**flogen**
fahren → ge**fahren**
kommen → ge**kommen**

HALTESTELLE

1 Spielen und wiederholen

a Sammeln Sie in Gruppen Wörter zu den Bildern.

putzen • backen • …

grillen • Volleyball spielen • …

arbeiten • E-Mail schreiben • …

einkaufen • Obst • …

gestern Abend
am Wochenende   am Samstag
von 15 bis 17 Uhr   am Vormittag
am Montagmorgen

Deutsch lernen • …

feiern • tanzen …

b Würfeln Sie und spielen Sie Minidialoge.

⚀ + ⚁ Hast du am Wochenende gegrillt?   Nein, ich habe einen Kuchen gebacken.

⚅ + ⚅ Hast du von 15 bis 17 Uhr Deutsch gelernt?   Ja, ich habe Deutsch gelernt. Ich habe viele neue Wörter gelernt.

2 Sprechtraining

🎧 3.24

Nachfrage-Spiel – Erfinden Sie zu zweit eine Person. Fragen und antworten Sie. Hören Sie zuerst das Beispiel.

● Sie heißt Rita Bento.
● Rita Bento.
→ ○ **Wie** heißt sie?

● **Wie alt** ist sie?
← ○ Sie ist 25 Jahre alt.
→ ○ 25 Jahre.

● Sie kommt aus Porto.
● Aus Porto.
→ ○ **Woher** kommt sie?

● **Wo** wohnt sie?
← ○ Sie wohnt in Dornbirn.
→ ○ In Dornbirn.

● Sie ist Sängerin.
● Sängerin.
→ ○ **Was** ist sie von Beruf?

● **Was** spielt sie?
← ○ Sie spielt Schach.
→ ○ Schach.

● Gestern hat sie …
→ ○ **Was** …

Informationen ☺

1. Name   2. Alter   3. Herkunft
4. Wohnort   5. Beruf   6. Hobbys
7. Aktivität gestern   8. …

3 Kennen Sie D-A-CH?

a Ein Wochenende in Berlin, Basel und Wien. Ordnen Sie die Bilder den Texten zu.

(1) Dieses Haus habe ich am Wochenende besucht. Ich liebe die Farben: rosa, gelb, blau, … Der Künstler heißt Friedensreich Hundertwasser. Er kommt aus Wien und hat auch in Neuseeland gelebt.

 A ☐

(2) Wir haben am Wochenende einen Ausflug nach Basel gemacht. Zuerst waren wir im Zoo. Unsere Kinder lieben Tiere, besonders die Affen.

 B ☐

(3) Dann waren wir noch im Museum Tinguely. Da gibt es Kunst-Maschinen. Die sind total bunt und verrückt.

 C [1]

(4) Am Sonntag hatten wir Besuch von Freunden. Also haben wir das Touristenprogramm gemacht: Hofburg, Prater und natürlich eine Fahrt mit dem Fiaker. So heißen in Wien die Pferdekutschen.

 D ☐

(5) Am Wochenende sind wir im Tiergarten Fahrrad gefahren. Der Tiergarten ist kein Zoo. Es ist ein großer Park in Berlin. Ich liebe den Park.

 E ☐

(6) Am Abend war ich mit meinem Freund in einem Club. Der DJ war super. Wir haben bis 4 Uhr in der Früh getanzt ☺. (Aber die Getränke waren sehr teuer! Ein Mineral-wasser hat 5 Euro gekostet. ☹)

 F ☐

🎧 3.25–27 **b** Hören Sie die Dialoge. Welche Bilder passen?

Dialog 1: .... Dialog 2: .... Dialog 3: ....

🎧 3.25–27 **c** Hören Sie die Dialoge noch einmal. Kreuzen Sie an: richtig oder falsch?

	R	F
1. Laura arbeitet in einem Club.	☐	☒
2. Laura hat am Samstagabend um 10 Uhr schon geschlafen.	☐	☐
3. Frau Meyer ist am Wochenende nach Basel gefahren.	☐	☐
4. Für ihre Kinder war das Museum langweilig.	☐	☐
5. Sebastian hat Freunde in der Schweiz.	☐	☐
6. Er hatte am Wochenende eine Prüfung.	☐	☐

TESTTRAINING

1 Hören und antworten.

🎧 3.28 **a** **Lesen Sie die Sätze ⓐ–ⓓ.**
Hören Sie dann drei kurze Texte.
Kreuzen Sie die richtige Lösung
(ⓐ, ⓑ, ⓒ oder ⓓ) an.
Sie hören die Texte *zweimal.*

→ Lesen Sie die Fragen und die Antworten genau.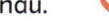

→ Markieren Sie schon beim ersten Hören die Antwort.

→ Probleme? Machen Sie beim ersten Hören ein Fragezeichen (?). Achten Sie beim zweiten Hören besonders auf diese Aufgaben.

→ Kreuzen Sie am Ende immer etwas an.

1 ⓐ   ⓑ   ⓒ   ⓓ
2 ⓐ   ⓑ   ⓒ   ⓓ
3 ⓐ   ⓑ   ⓒ   ⓓ

ⓐ Nein, danke, ich habe alles.
ⓑ Einen Tee mit Milch bitte!
ⓒ Das Wetter ist wirklich schlecht!
ⓓ In 10 Minuten!

Hören und antworten.

🎧 3.29 **b** **Lesen Sie die Sätze ⓔ–ⓘ. Hören Sie dann vier kurze Texte. Kreuzen Sie die richtige Lösung**
(ⓔ, ⓕ, ⓖ, ⓗ oder ⓘ) an. Sie hören die Texte zweimal.

4 ⓔ   ⓕ   ⓖ   ⓗ   ⓘ
5 ⓔ   ⓕ   ⓖ   ⓗ   ⓘ
6 ⓔ   ⓕ   ⓖ   ⓗ   ⓘ
7 ⓔ   ⓕ   ⓖ   ⓗ   ⓘ

ⓔ Ja, leider, am Samstag und am Sonntag.
ⓕ Ja gern, treffen wir uns um 14 Uhr.
ⓖ Nein, diese Frau kenne ich nicht.
ⓗ Einen Gutschein für die Bahn.
ⓘ Nein, ich war um 9 Uhr im Büro.

2 Sprechen

a **Sehen Sie das Foto an und lesen Sie die Tipps für die Prüfung.**

Vor der Prüfung:
→ Trainieren Sie Fragen.
→ Wiederholen Sie Wortschatz zu Themen wie Einkaufen, Essen und Trinken, Familie, Freizeit, Arbeit, Schule, Sport, Wohnen …

In der Prüfung:
→ Sehen Sie Ihre Partnerin / Ihren Partner an!
→ Antworten Sie nicht nur mit „ja" oder „nein", sagen Sie mehr!

So funktioniert die Prüfung:
→ Vier Personen arbeiten zusammen. Sie bekommen Karten. Sie fragen zweimal und antworten zweimal.
→ Sie sprechen über zwei Themen.

b **Fragen und Antworten trainieren – Lesen Sie die Karten aus der Prüfung und ordnen Sie die Fragen und Antworten zu.**

1. Was bist du von Beruf?
2. Hast du einen Beruf?
3. Wie findest du deinen Beruf?
4. Magst du deinen Beruf?
5. Wie lange arbeitest du schon in deinem Beruf?
6. Wo hast du deinen Beruf gelernt?

a) Ich finde meinen Beruf sehr interessant.
b) Zwei Jahre.
c) Ich bin Busfahrer.
d) Hier in Österreich.
e) Ja, ich mag meinen Beruf.
f) Nein, ich bin Hausfrau.

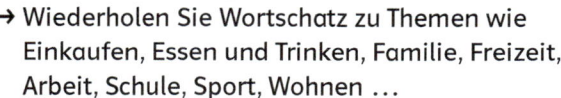

Sprechen
Thema: Arbeit

Beruf

c Lesen Sie zuerst die Beispieldialoge und suchen Sie dann noch andere Fragen und Antworten.

Sprechen
Thema: Arbeit
Chefin

- Ist deine Chefin nett?
- ○ Ja, sie ist sehr nett.

Hast du eine Chefin?

Nein, ich habe einen Chef.

Sprechen
Thema: Arbeit
Kantine

- Habt ihr eine Kantine?
- ○ Nein, wir gehen in der Pause manchmal ins Café.

Sprechen
Thema: Arbeit
Arbeitszeit

- Wann arbeitest du?
- ○ Montag bis Freitag von 8 bis 17 Uhr.

Sprechen
Thema: Arbeit
Kollegen

- Wie viele Kollegen hast du?
- ○ Ich habe drei Kollegen und fünf Kolleginnen.

Sprechen
Thema: Arbeit
Wochenende

- Musst du am Wochenende arbeiten?
- ○ Ich arbeite manchmal am Samstag, aber am Sonntag nie.

Sprechen
Thema: Arbeit
Ausbildung

- Wie lange hat deine Ausbildung gedauert?
- ○ Drei Jahre.

d Üben Sie jetzt mit den Themen *Freizeit* und *Familie*.

Sprechen
Thema: Freizeit
Sonntag

Sprechen
Thema: Freizeit
Park

Sprechen
Thema: Freizeit
Zeitung

Sprechen
Thema: Freizeit
Hobby

Sprechen
Thema: Freizeit
Sport

Sprechen
Thema: Freizeit
Familie

Sprechen
Thema: Familie
Feste

Sprechen
Thema: Familie
Abend

Sprechen
Thema: Familie
Skype

Sprechen
Thema: Familie
Kinder

Sprechen
Thema: Familie
Geschwister

Sprechen
Thema: Familie
Geburtstag

Alles Gute!

HERZLICHEN GLÜCKWUNSCH

Liebe Frau Dumitru,   15. Mai

heute ist der 15. Mai, Ihr Geburtstag!
Wir gratulieren Ihnen alle ganz herzlich.
Und heute, am 15. Mai, arbeiten sie auch schon
sechs Monate bei uns. Das finden wir sehr gut!

M. Müller   *Pablo*   Tobi
Frauke
            Beate   *Trixi*   H. KELLER

1 Elenis Geschenk

🎧 3.29   **a** Hören Sie. Was haben die Kollegen Eleni geschenkt? Markieren Sie.

🎧 3.29   **b** Hören Sie noch einmal. Was möchte Eleni machen?

👥   **c** Geburtstagsgeschenke – Was bekommen Sie gerne als Geschenk? Was schenken Sie gerne?

Ich bekomme immer gerne Musik als Geschenk.   Ich möchte auch gerne …

Ich schenke gerne …
Ich schenke gerne Blumen.   was heißt  auf Deutsch?   Pralinen.

Lernziele

Sprechen über Geschenke sprechen; ein Fest vorstellen; Smalltalk machen; über Jahreszeiten und Aktivitäten sprechen |
Hören Glückwünsche verstehen; am Telefon nachfragen | **Schreiben** auf eine Einladung reagieren | **Lesen** eine Einladung
verstehen; Aussagen über Feste verstehen | **Beruf** Geburtstag in der Firma   169

2 Der Wievielte ist heute?

a Lesen Sie den Dialog und markieren Sie die passenden Zahlen.

15. (der fünfzehnte) • 18. 5. (der achtzehnte Fünfte) • 20. (der zwanzigste)

● Sag mal, der Wievielte ist heute, Ben?

○ Der 15. / 18. / 20. 5.

● Oh, dann hatte Eleni am Freitag Geburtstag.

○ Freitag? War das der 15. / 18. / 20.?

● Ja, und übermorgen hat Frau Daum Geburtstag.

○ Übermorgen ist doch der 15. / 18. / 20. Mai, oder? Da schreiben wir den Test.

● Echt? Das habe ich total vergessen. So ein Mist!

🎧 3.30 **b** Hören Sie die Zahlen zur Kontrolle. Ergänzen Sie dann die Tabelle. (G)

FOKUS	**Ordinalzahlen**	
der	erste, zweite, dritte, vierte, fünf..............	der zwanzigste, einundzwanzigste,
	sechs.............., siebte, achte, neun.............., ...	zweiundzwanzig.............., dreißig.............., ...

c Fragen Sie Ihren Partner / Ihre Partnerin und antworten Sie.

15.05.	16.05.	17.05.	18.05.	19.05.	20.05.	21.05.
vor 3 Tagen	vorgestern	gestern	heute	morgen	übermorgen	in 3 Tagen

Der Wievielte ist heute?

Heute ist der 18. 5. Der Wievielte ist morgen?

Morgen ist der 19. 5. Der Wievielte war vor 3 Tagen?

Vor 3 Tagen war ...

3 Der Kalender

🎵 3.31 **a** Wortakzent – Hören Sie und markieren Sie die Vokale wie im Beispiel: _ lang oder • kurz.

Jänner	Februar	März	April	Mai	Juni
Juli	August	September	Oktober	November	Dezember

b Wann ist was in Europa? Ordnen Sie die Monate und Jahreszeiten zu. Sprechen Sie.

Der Winter geht von Dezember bis ...

der Frühling

der Winter

der Sommer

der Herbst

4 Geburtstage

a Wer ist wer? Ordnen Sie zu und sprechen Sie.

 Ⓐ  Ⓑ  Ⓒ  Ⓓ  Ⓔ

W. A. Mozart   Sebastian Vettel   Bertha Benz   Albert Einstein   Mavie Hörbiger

1. ⬡ ist Formel-1-Rennfahrer. Er ist 1987 geboren.
2. ⬡ war ein Musiker aus Salzburg. Er ist 1756 geboren und 1791 gestorben.
3. ⬡ war die erste Autofahrerin. Sie ist 1849 geboren und 1944 gestorben.
4. ⬡ ist eine deutsch-österreichische Schauspielerin. Sie ist 1979 geboren.
5. ⬡ war Physiker. Er war deutscher, österreichischer, Schweizer und US-amerikanischer Staatsbürger.
   Er ist 1879 geboren und 1955 gestorben.

> Mavie Hörbiger ist eine deutsch-österreichische Schauspielerin. Sie ist 1979 geboren.

🎧 3.32-33   **b** Geburtstage im Kurs – Hören und notieren Sie: Wer hat wann Geburtstag?

> Eleni, wann hast du Geburtstag?

> Ich habe am _15.5._ Geburtstag. Das war am letzten Freitag. Und du Pablo?

> Ich habe am _____ Geburtstag.

> Ich habe im Herbst Geburtstag, am _____. Das ist in Österreich immer ein Feiertag. Und Sie, Frau Daum?

> Ich habe übermorgen Geburtstag, am _____. Und Sie, Dana?

> Ich habe im Sommer Geburtstag. Am _____.

c Ergänzen Sie die Tabelle.

Ⓖ

FOKUS   Zeitangaben

Artikel *der/das* im Dativ: → dem

Datum/Wochentag: an + dem = am: Monat/Jahreszeit: in + dem = im

am ersten, zweiten, dritt_____, viert_____ Mai   im Jänner, Februar, März …
im Sommer, Herbst …

UND SIE?

Wählen Sie. Machen Sie im Kurs eine Geburtstagskette. ◀ oder ▶ **Machen Sie einen Geburtstagskalender.**

> Wann hast du Geburtstag?

> Am 23. April. Und du?

> Wann bist du geboren?

> Neunzehnhundertfünfundneunzig.

5 Ich mache ein Fest.

a Lesen Sie Elenis E-Mail und beantworten Sie die Fragen.

Liebe Freunde, Freundinnen, Kollegen und Kolleginnen, ich bin jetzt 30 (☺☹)!
Das muss ich feiern.

Ich mache ein Fest: Eleni international

Das Fest findet am 23. Mai statt. Die Feier ist im Kulturhaus, Novagasse 34. Da können wir
bis ein oder zwei Uhr feiern (hoffentlich kommt die Polizei nicht ;-)). Am Sonntag können
ja (fast) alle ausschlafen.
Wir beginnen um 20 Uhr, aber man kann schon ab 19 Uhr kommen (und mir helfen ☺).
Hunger und Durst sind kein Problem. Ich kaufe Getränke und ich mache Salate.
Wer kann Party-Musik mitbringen? Ich habe nur leise Lieder.
Wer kommt? Anruf oder Nachricht bitte bis Mittwoch. Ich muss am Donnerstag einkaufen.
Liebe Grüße
Eleni

---

1. An welchem Tag feiert Eleni?
2. Ab wann können die Gäste kommen?

3. Was macht Eleni zum Essen?
4. Was braucht sie noch?

b Lesen Sie die Beispiele rechts und markieren Sie in 1–5 die
passende Präposition.

1. Elenis Fest beginnt **am/um** 20 Uhr.
2. Einige Freunde sind schon **ab/bis** 19 Uhr da.
3. Das Fest geht **um/bis** ein oder zwei Uhr.
4. Eleni möchte eine Antwort **bis/um** Mittwoch.
5. **Von/Am** Sonntag muss Eleni nicht arbeiten.

(G)

Präpositionen (Zeit)

ab	19 Uhr / Montag / Mai		
von	19 Uhr	**bis**	2 Uhr
von	Montag	**bis**	Freitag
um	20 Uhr		
am	23. Mai / Donnerstag		

🎧 3.34 – 36 **c** Lesen Sie zuerst die drei SMS und hören Sie dann die Nachrichten auf dem Anrufbeantworter. Notieren Sie:
+ (kommt) oder – (kommt nicht).

A ☐

Hi, Eleni! Erst war besetzt
und jetzt bist du weg. Vielen
Dank für die Einladung. Ich
muss am Samstagnach-
mittag arbeiten, aber ich
komme! Hast du einen
Wunsch???
Ali

B ☐

Danke, Eleni, leider kann
ich nicht kommen – ich
muss arbeiten. Aber wir
machen am Sonntag einen
Ausflug. Hast du Lust? Das
Mittagessen kriegst du als
Geburtstagsgeschenk ☺
Lukas

C ☐

Liebe Frau Dumitru!
Danke für die Einladung.
Wir kommen gerne, aber
ein bisschen später. Ist das
in Ordnung?
Was können wir mitbringen?
HG
Martin Müller

D ☐

Mauro

E ☐

Frau Singer

F ☐

Niko

UND SIE?

Eleni hat Sie eingeladen. Wählen Sie.
Ordnen Sie die Sätze und schreiben
Sie das Antwort-Mail.

 **oder**

Schreiben Sie Ihr eigenes Antwort-Mail.
Vergessen Sie nicht die Anrede und den
Gruß am Ende.

Viel Spaß!   Ich muss am 23.   für die Einladung.   nicht kommen.

          arbeiten.   Thea   Liebe Eleni, vielen Dank   Leider kann ich

6 Hast du eine Idee …?

🎧 3.37–39 **a** Hören Sie die Dialoge. Wer schenkt Eleni was? Verbinden Sie.

1. Ricardo   a) schenkt ihr einen Foto-Kalender.
2. Thea   b) schenkt ihr einen Musikgutschein.
3. Irina   c) schenkt ihr ein Buch über Fotografie.
4. Pablo   d) schenkt ihr Schokolade.

> Du musst mir helfen.

> Du kannst ihr … schenken.

> Ich danke dir.

b Ergänzen Sie die Tabelle mit den Formen aus 6a.

> Ich danke **Ihnen**!

> Hilfst du **mir** bitte?

FOKUS	Personalpronomen im Dativ (G)		
ich	....	wir	uns
du	....	ihr	euch
er/es	....	sie	ihnen
sie	ihr	Sie	Ihnen

> Das Geschenk gefällt **uns** sehr.

> Ich schenke **ihr** einen Gutschein.

🎧 3.40 **c** Ergänzen Sie die Pronomen. Hören Sie zur Kontrolle.

● Kannst du .... helfen, ich brauche ein Geschenk für Ben.

○ Du kannst .... einen Reiseführer „Schweiz" schenken.

● Er hat schon einen Reiseführer.

○ Dann vielleicht eine DVD?

● Super Idee. Das gefällt .... sicher. Danke ....

○ Kein Problem!

d Würfelspiel – Würfeln Sie zweimal. Fragen und antworten Sie wie im Beispiel.

> Was schenkst du Helga und Willi?

> Ich schenke ihnen Inlineskates.

> Was schenkst du mir?

> Ich schenke dir ein Eis.

UND SIE?

> Was machst du gerne?

> Ich höre gerne Hörbücher.

a Was schenken Sie wem? Sprechen Sie.

> Ich schenke dir ein Hörbuch.

b Berichten Sie.

> Pia mag Hörbücher. Ich habe ihr ein Hörbuch geschenkt.

7 Drei Feste

a Lesen Sie die Texte und korrigieren Sie die Aussagen 1–4.

1. Das Hochzeitsfest war ein bisschen langweilig.
2. Das Hochzeitsfest war um ein Uhr zu Ende.
3. Selim war der erste Gast bei der Geburtstagsfeier.
4. Oriana findet Weihnachten in Österreich laut.

Im letzten Monat hat ein Kollege von mir geheiratet. Das war eine Hochzeit mit 60 Gästen. Am Anfang war es ein bisschen formell, aber zum Schluss waren alle ganz lustig. Das Fest war sehr schön. Ich bin um ein Uhr nach Hause gegangen, aber die Feier war erst um drei Uhr zu Ende. Ich habe Geld geschenkt. Ich glaube, das war richtig so. Andere Freunde haben das auch gemacht.
Katinka

Eine österreichische Kollegin hat mich vor ein paar Wochen zum Geburtstag eingeladen. Ich habe mich gefragt: Was tun? Was kann ich ihr schenken? Wann komme ich? Wie lange bleibe ich? Ich habe Geld geschenkt. Ich glaube, das war nicht so gut. Ich bin um 21 Uhr gekommen und die Einladung war um 19 Uhr. Ich war der letzte Gast ☹. Bei uns kommt man nie pünktlich zu einem Fest. Um Mitternacht sind fast alle nach Hause gegangen. Das war komisch, aber ich bin dann auch gegangen.
Selim

Ich war zum ersten Mal zur Weihnachtszeit in Österreich. Es hat mir sehr gut gefallen. Ab Ende November gibt es überall Weihnachtsmärkte. Dort kann man Geschenke, Kerzen, Weihnachtsschmuck und Süßigkeiten kaufen. Im Winter ist es früh dunkel und in der Weihnachtszeit gibt es in den Straßen viele Lichter. Auch die Geschäfte in der Stadt sind weihnachtlich dekoriert. Das ist sehr romantisch. Weihnachten ist in Österreich sehr ruhig, nicht so laut wie bei uns in Venezuela. Ich finde das schön.
Oriana

> **G**
>
> **bei + Dativ**
>
> bei uns
> bei der Geburtstagsfeier

b Ordnen Sie die Glückwünsche den Festen zu. Ein Wunsch passt nicht.

> Herzlichen Glückwunsch zur Hochzeit. ①

> Fröhliche Weihnachten und ein gutes neues Jahr! ②

> Ich wünsche euch alles Gute für das Leben zu dritt. ③

> Alles Gute im neuen Lebensjahr. Weiter viel Glück und Erfolg. ④

c Welche Wörter aus den Texten bei a passen in 1–3?

1. Bei der Hochzeit von Zoila und Miguel waren 300 ⓐ.
2. Die ⓑ zur Feier war um 19 Uhr, aber viele sind erst nach 20 Uhr gekommen.
3. In der ⓒ gibt es in Österreich viele Weihnachtsmärkte.

UND SIE?

Wie war Ihr letztes Fest? Haben Sie auch Fotos von dem Fest? Wählen Sie.

Erzählen Sie.   **oder**   Schreiben Sie einen Text.

> Mein Vater hatte im April Geburtstag. Meine Familie war da. Meine Mutter, mein Bruder …

8 Elenis Fest

🎧 3.41–43 **a** Smalltalk – Hören Sie zu. Welche Themen kommen vor? Kreuzen Sie die passenden Bilder an.

Herkunft [X]   Reisen ☐   Musik ☐   Kennenlernen ☐   Beruf ☐   Familie ☐

b Was passt zusammen? Spielen Sie Minidialoge. Es gibt mehrere Möglichkeiten.

12 + 1

20 Ah, das ist interessant. Welche Sprache spricht man da?

1 Das ist Ben. Er ist auch bei mir im Kurs.

2 Wohnst du schon lange hier?

3 Ich lerne gerade Deutsch.

4 Oh, gerne, ein Wasser bitte.

5 Ich bin aus Benin.

6 Danke. Der ist super.

19 Möchtest du auch noch einen Nachtisch?

18 Ich bin jetzt 5 Monate in Eisenstadt. Vieles ist noch fremd für mich.

7 Sind Sie auch im Deutschkurs?

17 Noch mal alles Liebe und Gute zum Geburtstag!

8 Ist da jetzt Sommer oder Winter?

16 Nein, wir kennen uns von der Arbeit.

9 Schmeckt Ihnen der Salat?

15 Bei Partyservice Fein.

14 Wo arbeitest du?

13 Kann ich dir noch etwas anbieten?

12 Wer ist das da hinten?

11 Hallo, ich bin Cara. Wie lange sind Sie schon hier?

10 Ich danke dir. Das ist sehr lieb von dir.

9 Aussprache: Rhythmus

🎵 3.44 **a** Hören Sie. Markieren Sie die Satzakzente.

☑ 1. ● **Ha**llo.   Oo
☐ 2. ○ **Ha**llo.   Oo
☐ 3. ● Wer **bist** du?   oOo
☐ 4. ○ Ich bin Ben.   ooO

☐ 5. ● Ich heiße Anna.   oooOo
☐ 6. ○ Hallo, Anna.   OoOo
☐ 7. ● Willst du auch etwas trinken?   ooOooOo
☐ 8. ○ Ja, gerne. Ein Cola!   oOooOo

🎵 3.45–48 **b** Sie hören vier Sätze aus 9a als Oo-Sätze. Sie hören jedes Beispiel zweimal. Was passt wo?

c Sprechen Sie selbst Oo-Sätze aus 9a. Die anderen raten.

K11 **VORHANG AUF**

Spielen Sie die Situationen.

Ein Geschenk für Dario?

Vielleicht …

A Hallo, Oliver, am Samstag …

B

C

ÜBUNGEN

1 Elenis Geschenk

a Ergänzen Sie die Glückwünsche.

1. Herzlichen ....!

2. Alles ....!

3. Viel ....!

4. Wir .... dir ganz herzlich zum Geburtstag!

Erfolg • gratulieren • Glückwunsch • Gute

b Welcher Glückwunsch oder Wunsch passt? Ordnen Sie zu.

1. Eleni hat Geburtstag.
2. Pablo arbeitet schon 12 Monate in der Firma.
3. Dana hat morgen eine Prüfung.
4. Frau Tauber hat geheiratet.

a) Viel Erfolg!
b) Alles Gute zum Geburtstag!
c) Herzlichen Glückwunsch!
d) Wir arbeiten sehr gerne mit Ihnen zusammen. Weiter viel Erfolg und alles Gute im Beruf!

c Geschenke – Was bekommen Sie gerne als Geschenk? Was schenken Sie gerne? Machen Sie eine Liste.

Das bekomme ich gerne als Geschenk.	Das schenke ich gerne.
	Blumen

2 Der Wievielte ist heute?

🎧 3.49–52 **a** Hören Sie. Der Wievielte ist heute? Kreuzen Sie an.

1. ☐ 23.03.   ☐ 24.03.   ☒ 25.03.
2. ☐ 18.05.   ☐ 19.05.   ☐ 20.05.
3. ☐ 13.10.   ☐ 14.10.   ☐ 15.10.
4. ☐ 29.12.   ☐ 30.12.   ☐ 31.12.

b Ergänzen Sie die Zeitangaben.

1. *Heute* .... ist der 7. Februar.

2. .... ist der 9. Februar.

3. .... war der 6. Februar.

4. .... ist der 8. Februar.

5. .... war der 4. Februar.

6. .... war der 5. Februar.
   Das war mein Geburtstag.

Vor drei Tagen • Vorgestern • Gestern • ~~Heute~~ • Morgen • Übermorgen

3 Der Kalender

a Schreiben Sie die Monate.

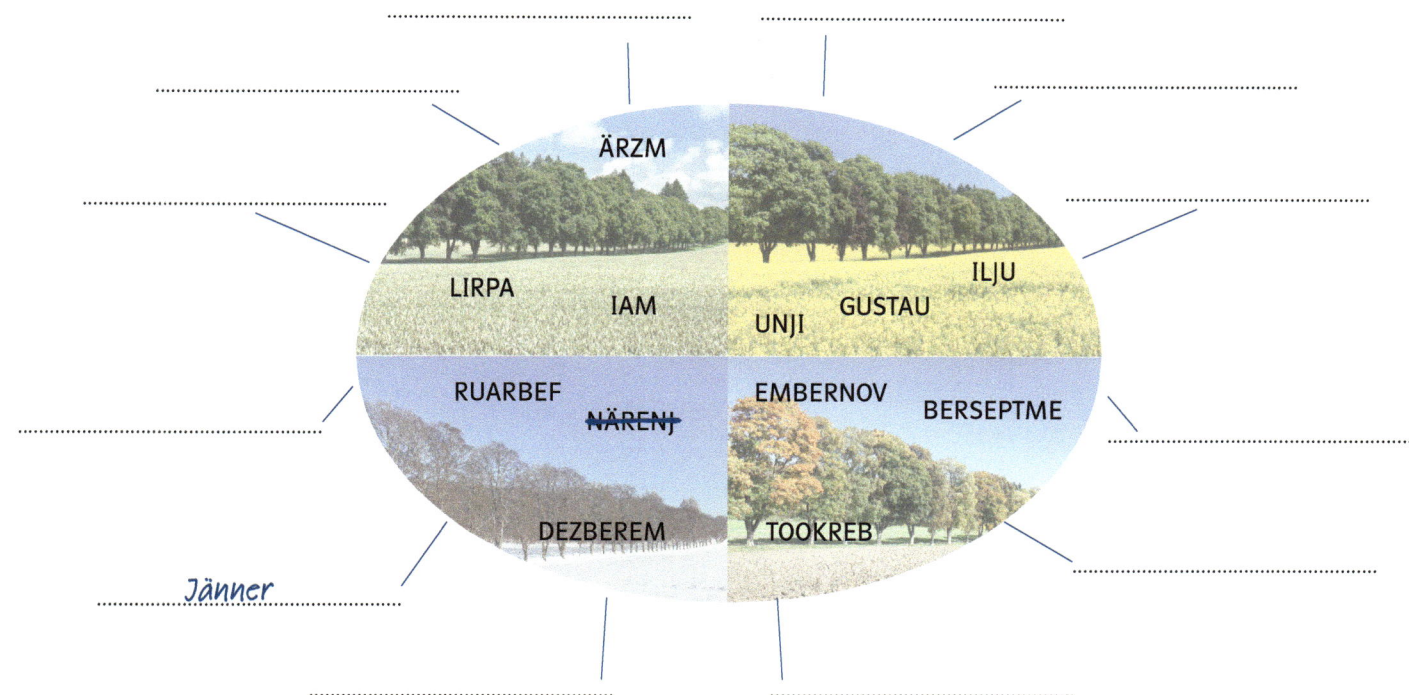

ÄRZM

LIRPA
IAM

ILJU
UNJI GUSTAU

RUARBEF
N̶Ä̶R̶E̶N̶J̶

EMBERNOV
BERSEPTME

DEZBEREM
TOOKREB

Jänner

b In welchen Monaten ist bei Ihnen Frühling, Sommer, Herbst und Winter? Schreiben Sie.

Frühling: März, April, ...

♫ 3.53 **c** Aussprache: Lange Sätze üben. Hören Sie und sprechen Sie nach.

1. im Oktober   ist im Oktober   Mein Geburtstag ist im Oktober.
2. der dritte Mai   ist der dritte Mai   Übermorgen ist der dritte Mai.
3. gerne joggen   im Herbst gerne joggen Ich gehe im Herbst gerne joggen.
4. im Dezember   drei Tage im Dezember   Meine Tante besucht uns drei Tage im Dezember.

d Lesen und ergänzen Sie die Texte.

S̶o̶m̶m̶e̶r̶   Winter   Farben   Ski   Garten   Blumen   gelb   wandern   Freunde   mag   finde   kalt

1. Pablo: Der *Sommer* in Spanien ist lang und es ist immer schön.

Das .... ich. Abends geht man oft und lange aus und man trifft

.... im Café.

2. Ben: Für mich ist der .... perfekt: Ich fahre gerne ....

und manchmal auch Schlitten.

3. Joana: Ich arbeite gerne im .... Im Frühling ist das besonders schön.

Da gibt es viele ....!

4. Eleni: Ich mag den Herbst und die vielen ....: rot, orange,

.... Im Herbst gehe ich gerne joggen und ....

5. Amir: Hier in Österreich ist es im Winter sehr .... Das ....

ich nicht gut. Bei uns ist es im Winter nicht so kalt.

4 Geburtstage

a Zeitangaben – Ergänzen Sie *am* oder *im*.

1. _im_ Winter
2. _____ Freitag
3. _____ 6. Dezember
4. _____ Wochenende

5. _____ Mai
6. _____ Abend
7. _____ Sommer
8. _____ Montag

b Der Wievielte ist heute? Schreiben Sie das Datum.

15.02.   *Heute ist der fünfzehnte Februar.* _____

29.06.   *Heute* _____

08.11.   _____

c Wann haben die Personen Geburtstag? Schreiben Sie.

1. Carlos: 13.02.   *Carlos hat am dreizehnten Februar Geburtstag.* _____

2. Margit: 29.04. _____

3. Nicolas: 08.11. _____

4. Yiuyin: 12.01. _____

5. ich: _____ _____

🎧 3.54   **d** Steckbrief – Hören und ergänzen Sie.

Mein Name ist Luisa Lund. Ich bin (1) _am_ 13. Juli (2) _1979_ in

Stockholm geboren. (3) _____ August (4) _____ bin ich in die

Schule gekommen. Von (5) _____ bis (6) _____ habe ich

Physik studiert. (7) _____ Herbst (8) _____ war ich zum

ersten Mal in Österreich. Im (9) _____ 2011 habe ich geheiratet.

(10) _____ habe ich ein Kind bekommen. Heute lebe ich in Klagenfurt.

e Und Sie? Wählen Sie Informationen und schreiben Sie einen Steckbrief wie in 4d. Vergleichen Sie im Kurs.

Mein Name ist …   … bin ich in … geboren.

… habe ich … gelernt.   … bin ich in die Schule gekommen.

… habe ich geheiratet.   … habe ich ein Kind bekommen.

… habe ich meinen Mann / meine Frau kennengelernt.   … habe ich … studiert.

… habe ich ein Praktikum gemacht.   … bin ich nach Österreich gekommen.

Mein Name ist …

5 Ich mache ein Fest.

a Ergänzen Sie Noors E-Mail.

Sonntag   Picknick   19. August   ~~Geburtstag~~   Getränke   Fußball   Salate   15 Uhr

Liebe Freundinnen und Freunde,

ich habe am 17. August (1) _Geburtstag_. Das möchte ich gerne feiern. Das Fest

findet am (2) .... statt, das ist ein (3) .... Ich mache

ein (4) .... im Park. Wir treffen uns um (5) .... Wir können

zusammen essen, (6) .... spielen und Spaß haben. Ich mache

(7) .... und kaufe Brot und Käse. Könnt ihr (8) .... mitbringen?

Könnt ihr bitte bis Donnerstag antworten?

Liebe Grüße, Noor

b Welche Präposition passt? Markieren Sie.

1. **Am**/Um zwanzigsten Mai schreiben wir einen Test.

2. Mein Deutschkurs dauert **von/am** Montag **ab/bis** Freitag.

3. Eleni hat **im/am** Mai Geburtstag.

4. Elenis Fest beginnt **am/um** 20 Uhr. Ihre Gäste können schon **ab/von** 19 Uhr kommen.

5. Noor feiert ihren Geburtstag **ab/im** August.

🎧 3.55–58 **c** Lesen Sie die Einladung in 5a noch einmal. Hören Sie die Nachrichten und kreuzen Sie an.
Es gibt mehrere Möglichkeiten.

	kommt	kann nicht kommen	muss arbeiten	kommt später	bringt einen Kuchen mit
1. Oliver:	☒	☐	☐	☐	☒
2. Eleni:	☐	☐	☐	☐	☐
3. Anne:	☐	☐	☐	☐	☐
4. Sara:	☐	☐	☐	☐	☐

6 Hast du eine Idee ...?

🎧 3.59 **a** Hören Sie und kreuzen Sie an: richtig oder falsch?

	R	F
1. Frau Daum hat Geburtstag.	☐	☐
2. Die Teilnehmer im Kurs wollen ihr zusammen etwas schenken.	☐	☐
3. Frau Daum gefallen Blumen sehr.	☐	☐
4. Die Teilnehmer im Kurs schenken ihr einen Gutschein.	☐	☐

b Ergänzen Sie die Personalpronomen im Akkusativ und Dativ.

Nominativ	ich	du	er	es	sie	wir	ihr	sie	Sie
Akkusativ	mich			es	sie			sie	
Dativ			ihm						

c Lesen Sie das Gespräch. Ergänzen Sie die Personalpronomen im Dativ.

● Caro, kannst du (1) _mir_ helfen?

○ Vielleicht. Was brauchst du?

● Ich brauche eine Idee. Rabea heiratet. Was kann ich (2) .... schenken?

○ Hmm, viele Leute schenken Rabea und Paul sicher Geld.

● Geld für die beiden finde ich langweilig. Das möchte ich (3) .... nicht schenken.

○ Und wie findest du einen Reisegutschein? Rabea und Paul reisen doch sehr gerne.

● Gute Idee! Ich danke (4) .... Eine Reise, das gefällt (5) .... sicher!

○ Kann ich mitmachen? Dann bekommen Sie den Reisegutschein von (6) .... zusammen.

● O.k.

 Ihnen • sun • ihr • dir • Ihnen • ~~mir~~

7 Drei Feste

Lesen Sie das E-Mail und die Aufgaben. Was ist richtig? Kreuzen Sie an: ⓐ, ⓑ **oder** ⓒ.

Lieber Francesco,
wie geht es dir zu Hause? Unser Deutschkurs ist immer noch sehr lustig, aber du bist leider nicht mehr hier! Ich weiß, du magst den Winter nicht, aber die Weihnachtszeit in Innsbruck ist sehr schön. Es ist so ruhig! Jetzt ist es auch sehr früh dunkel und in den Straßen gibt es viele Lichter, das finde ich sehr schön und sehr romantisch. Und ich liebe die Weihnachts-märkte. Ich habe schon Weihnachtsschmuck, Kerzen, Süßigkeiten und Geschenke gekauft und Tee getrunken. Die Geschenke für meine Eltern und meine Geschwister habe ich schon alle gekauft.
Ich liebe auch Weihnachtskekse. Morgen wollen wir im Kurs zusammen backen!
Und wir lernen ein Weihnachtslied und singen zusammen.
Am 22. Dezember fliege ich nach Venezuela. Dann sehe ich meine Familie nach fast einem Jahr zum ersten Mal wieder. Ich bleibe bis Ende Jänner dort.
Wann besuchst du uns mal? Bis bald und viele Grüße nach Italien.
Oriana

1. Francesco
   ⓐ kommt aus Österreich.
   ⓑ war in Orianas Deutschkurs.
   ⓒ findet den Winter toll.

2. Oriana
   ⓐ findet die Weihnachtszeit in Österreich zu laut.
   ⓑ muss noch Geschenke für die Familie kaufen.
   ⓒ mag die Lichter in den Straßen.

3. Oriana
   ⓐ bleibt zu Weihnachten in Österreich.
   ⓑ besucht Francesco in Italien.
   ⓒ ist zu Weihnachten bei ihrer Familie.

8 Elenis Fest

Lesen Sie und ordnen Sie zu.

1. Das ist Lena.
2. Bist du auch in Elenis Kurs?
3. Die Suppe schmeckt fantastisch!
4. Alles Liebe zum Geburtstag!
5. Wo arbeitest du?
6. Was hast du Eleni geschenkt?
7. Magst du die Musik?

a) Das finde ich auch. Kannst du auch so gut kochen?
b) Bei Meyer & Sohn.
c) Hallo, ich heiße Ahmed.
d) Ja, wollen wir tanzen?
e) Vielen Dank!
f) Nein, ich bin eine Kollegin aus der Firma.
g) Einen Musikgutschein. Sie hört doch so gerne Musik.

♫ 3.60 – 65 ## 9 Aussprache: Satzakzent

Hören Sie die Sätze. Welches Wort ist besonders betont? Markieren Sie.

1. Alles Liebe zum Geburtstag!
2. Heute ist der siebte Februar.
3. Ich finde den Winter langweilig.
4. Ich bin zu Weihnachten allein zu Hause.
5. Du kannst so gut kochen!
6. Er arbeitet schon zwölf Monate in der Firma.

alles / Liebe / Geburtstag
heute / ist / siebte
ich / finde / langweilig
ich / Weihnachten / allein
du / kannst / so
er / arbeitet / zwölf

LEICHTER LERNEN

Situationen vorbereiten: Was wollen Sie sagen? Sammeln Sie Wörter und Redemittel.

a **Lesen Sie die Beispiele und ergänzen Sie.**

Geburtstag	Obst und Gemüse kaufen	von gestern erzählen
Herzlichen Glückwunsch! Vielen Dank für die Einladung! Ich habe ein Geschenk für dich. …	Was kosten die Bananen? Wie viel kostet ein Kilo Äpfel? Ich hätte gerne … …	aufstehen – aufgestanden Ich bin um 7 Uhr aufgestanden. Ich habe um 9 Uhr … …

b **Bereiten Sie diese Situationen vor.**

1. Sie wollen einen Freund / eine Freundin treffen.
2. Sie möchten einen Kurs besuchen.
3. Sie sind neu in der Stadt.

RICHTIG SCHREIBEN

🎧 3.66 – 67 **Ergänzen Sie _u_ oder _ü_. Hören Sie zur Kontrolle.**

A

Liebe Frau Renner,

heute ist der fünfzehnte F_nfte.

Herzlichen Gl_ckwunsch zum Geb_rtstag!

Wir grat_lieren Ihnen ganz herzlich und

w_nschen alles G_te im neuen Lebensjahr!

Viele Gr_ße,

Ihre Kolleginnen und Kollegen

B

Liebe Kollegen und Kolleginnen,

ich hatte Geb_rtstag und möchte Sie/euch

am neunten J_ni zum Fr_hstück im

B_ro einladen.

Es gibt für alle ein St_ck K_chen!

Bis dann, Susanne

Mein Deutsch nach Kapitel 11

Das kann ich:

Glückwünsche aussprechen	**Formulieren Sie Glückwünsche.** 
über Geschenke sprechen 	**Spielen Sie die Dialoge.** ● Hast du schon ein Geschenk für … ○ Ja, ich … ○ Nein, …
über ein Fest sprechen	**Sprechen Sie über ein Fest.** Im … war unser …fest. Das war schön. Wir …
Smalltalk 	**Antworten Sie.** 1. Woher kennen Sie Eleni? 2. Möchten Sie noch etwas trinken? 3. Sind sie schon lange in …?
auf eine Einladung reagieren 	**Schreiben Sie ein Antwort-Mail.** Hallo! Carlo hat Geburtstag. Wir machen am Samstag ein Fest bei uns zu Hause. Es beginnt um 18 Uhr. Kommst du? Liebe Grüße, Fred www →A1/K11

Das kenne ich:

(G)

in + de**m** = i**m**   an + de**m** = a**m**

Ordinalzahlen

	der/das/die	am
eins	erste	ersten
zwei	zweite	zweiten
drei	dritte	dritten
vier	vierte	vierten
fünf	fünfte	fünften
sechs	sechste	sechsten
sieben	siebte	siebten
acht	achte	achten
neun	neunte	neunten
zehn	zehnte	zehnten
elf	elfte	elften
zwölf	zwölfte	zwölften
dreizehn	dreizehnte	dreizehnten
vierzehn	vierzehnte	vierzehnten
zwanzig	zwanzigste	zwanzigsten
einundzwanzig	einundzwanzigste	einundzwanzigsten
zweiundzwanzig	zweiundzwanzigste	zweiundzwanzigsten
dreißig	dreißigste	dreißigsten
einunddreißig	einunddreißigste	einunddreißigsten
zweiunddreißig	zweiunddreißigste	zweiunddreißigsten

Präpositionen und Zeitangaben

Uhrzeit (Zeitpunkt)	**um**	20 Uhr
Uhrzeit (Ablauf)	**ab** **von**	19 Uhr **bis** 2 Uhr 19 Uhr **bis** 2 Uhr
Datum	**am**	23. Mai / Montag
Wochentag Feiertag	**am** **zu**	Mittwoch Weihnachten
Monat Jahreszeit	**im** **im**	Mai Sommer

Bestimmter Artikel im Dativ

Singular	der/das	de**m**
	die	de**r**
Plural	die	de**n**

Personalpronomen im Dativ

ich	mir	wir	uns
du	dir	ihr	euch
er/es	ihm	sie/Sie	ihnen/Ihnen
sie	ihr		(G)

Unterwegs

12

Blick auf die Nordkette

Innsbrucker Dom

Goldenes Dachl

1 Besuch in Innsbruck

a Lesen Sie das E-Mail und stellen Sie Fragen: Wer? Was? Wo? Wann? Antworten Sie.

> Liebe Eleni,
> super, endlich besuchst du mich in Innsbruck! Ich schicke dir schon mal drei Fotos.
> Da kannst du das Goldene Dachl, den Dom und die Nordkette sehen.
> Das zweite Wochenende im Juli ist perfekt. Ich muss in der Woche viel arbeiten, aber
> am Samstag und am Sonntag habe ich frei. Kommst du mit dem Zug oder mit dem Bus?
> Liebe Grüße
> Silvia

< Wer schreibt das E-Mail?   < Wo wohnt …?   < Was …?

🎧 3.68 **b** Hören Sie das Telefongespräch. Was ist richtig? Kreuzen Sie an.

1. Eleni will ☐ mit dem Bus fahren. ☐ mit dem Zug fahren.
2. Eleni hat ☐ schon eine Fahrkarte. ☐ noch keine Fahrkarte.
3. Silvia will ☐ Eleni abholen. ☐ Eleni nicht abholen.

Lernziele

Sprechen einen Weg beschreiben; ein Gespräch am Fahrkartenschalter führen; eine Stadt vorstellen |
Hören Durchsagen am Bahnhof; Wegbeschreibungen | **Schreiben** eine Postkarte | **Lesen** ein E-Mail;
eine Chatnachricht; einen Text über Innsbruck | **Beruf** ein Gespräch am Fahrkartenschalter führen

183

2 Ich fahre mit ...

a Hören Sie den Dialog: Wann und wie fährt Eleni nach Innsbruck?

● Also, ich möchte mit dem Zug von Linz nach Innsbruck fahren.
○ Wann willst du fahren?
● Am 16. Juli. Das ist ein Freitag. Am Vormittag ist der Deutschkurs, ich kann also erst ab 13 Uhr fahren. Wie lange brauche ich von der Schule zum Bahnhof, Ben?
○ Gehst du zu Fuß oder fährst du mit der Straßenbahn? Die Straßenbahn braucht nur fünf Minuten: Es sind nur drei Stationen. Du steigst hier ein und fährst direkt von der Schule zum Bahnhof.
● Ich nehme die Straßenbahn!

 Er geht zu Fuß.  Er fährt.

b Lesen Sie den Dialog in 2a. Ergänzen Sie die Wörter in der Tabelle.

(G)

FOKUS	Präpositionen mit Dativ	
(der Zug)	Eleni fährt .... dem Zug.	**Woher?** von der Schule ...
	Sie fährt .... Linz .... Innsbruck.	**Wohin?** nach Klagenfurt (Städte)
(die Straßenbahn)	Eleni fährt .... der Straßenbahn.	zum Bahnhof (andere Orte)
(die Schule)	Sie fährt .... der Schule	**Wie?** mit dem Zug/Auto/...
(der Bahnhof)	.... Bahnhof.	zu Fuß

von + dem = vom
zu + dem = zum   zu + der = zur

c Schreiben Sie Sätze wie im Beispiel.

das Fahrrad	der Zug	die U-Bahn	die Straßenbahn	das Auto	zu Fuß
die Schule	der Supermarkt	der Bahnhof	Hamburg Wien Bern Salzburg	das Kino	die Firma

Ich fahre mit der Straßenbahn zur Schule. Ich gehe zu Fuß zum Kino.

d Kettenübung – Verlängern Sie die Sätze.

Ich fahre zur Schule. > < Ich fahre vom Bahnhof zur Schule. > Ich fahre mit dem Bus vom Bahnhof zur Schule.

UND SIE?

Wie kommen Sie zu ...? Schreiben Sie Fragen. Fragen Sie fünf Kursteilnehmer. Erzählen Sie im Kurs.

< Wie kommst du zur Schule? | Ich gehe zu Fuß. > | Erik geht zu Fuß zur Schule. Yasmin ...

< Und wie kommst du zum ...? | Ich fahre ... >

184 einhundertvierundachtzig

3 Am Bahnhof

3.70 **a Lesen Sie den Dialog. Hören Sie dann zu und notieren Sie die Informationen zu 1–8.**

- ● Guten Tag, ich möchte eine Fahrkarte nach Innsbruck, bitte.
- ○ Gerne. Wann wollen Sie fahren?
- ● Am .... (1), nach halb zwei.
- ○ Da gibt es einen Zug. Er fährt um .... (2) ab.
- ● Wann komme ich dann in Innsbruck an?
- ○ Abfahrt in Linz um .... (3),
  Ankunft um .... (4).
  Der Zug fährt von Gleis .... (5).
- ● O.k., super. Das passt gut.
- ○ Möchten Sie auch eine Rückfahrkarte?
- ● Ja, bitte, hin und zurück. Ich möchte am .... (6) zurückfahren.
- ○ Also: Hinfahrt am .... (7) und Rückfahrt am .... (8).

b Spielen Sie Gespräche am Fahrkartenschalter. Variieren Sie Tag, Uhrzeit und Reiseziel.

Guten Tag, ich möchte eine Fahrkarte nach Graz, bitte.

Wann wollen Sie fahren?

Graz Donnerstag 17:30 Uhr

3.71–73 **c Hören Sie die Durchsagen. Welche ist wichtig für Eleni? Kreuzen Sie an.**

Durchsage 1 ☐
Durchsage 2 ☐
Durchsage 3 ☐

3.71–73 **d Hören Sie noch einmal. Kreuzen Sie an: (a) oder (b).**

1. Von welchem Gleis fährt der Railjet 62 ab?	(a) Von Gleis 10.	(b) Von Gleis 11.
2. Wann fährt der Railjet 862 heute ab?	(a) Um 13:10 Uhr.	(b) Um 13:58 Uhr.
3. Woher kommt der Railjet 642?	(a) Aus Wien.	(b) Aus Salzburg.

4 Aussprache: *r*

3.74 **a Hören Sie ein *r* oder nicht? Kreuzen Sie an.**

reisen ☒ r ☐ –	fahren ☐ r ☐ –	Abfahrt ☐ r ☐ –	Durchsage ☐ r ☐ –
Innsbruck ☐ r ☐ –	Berlin ☐ r ☐ –	zurück ☐ r ☐ –	

3.75 **b Hören Sie und sprechen Sie nach.**

1. Ich fahre erst nach dem Kurs.
2. Die Abfahrt ist um kurz nach eins.
3. Ich brauche eine Fahrkarte nach Innsbruck und eine Rückfahrkarte.

Sie hören und sprechen „r“
am Anfang von Wörtern: reisen
am Anfang von Silben: zurück
nach Konsonanten: Innsbruck

5 Ankunft in Innsbruck

a Lesen Sie die Nachricht. Was ist das Problem?

b Lesen Sie Silvias Nachricht noch einmal und zeichnen Sie den Weg in den Plan.

☆ **Silvia > Eleni Dumitru**   **Videoanruf** ▾
✓ Online

Silvia   Freitag 16:32

Hi, Eleni. Es tut mir sehr leid, aber ich kann dich nicht abholen ☹. Ich muss bis 17:30 Uhr arbeiten. Steig am Hauptbahnhof aus und komm bitte zum Büro: Gilmstraße. Das ist nicht weit, nur 10 Minuten zu Fuß vom Bahnhof. Nimm den Ausgang Südtiroler Platz. Geh rechts bis zur Brixner Straße. Geh da links und dann geradeaus bis zur Wilhelm-Greil-Straße. Geh rechts, dann geradeaus bis zur Gilmstraße. Komm zur Nummer 3. Ruf mich dann bitte an und warte am Eingang, o.k.?
Ich freue mich, bis später, Silvia

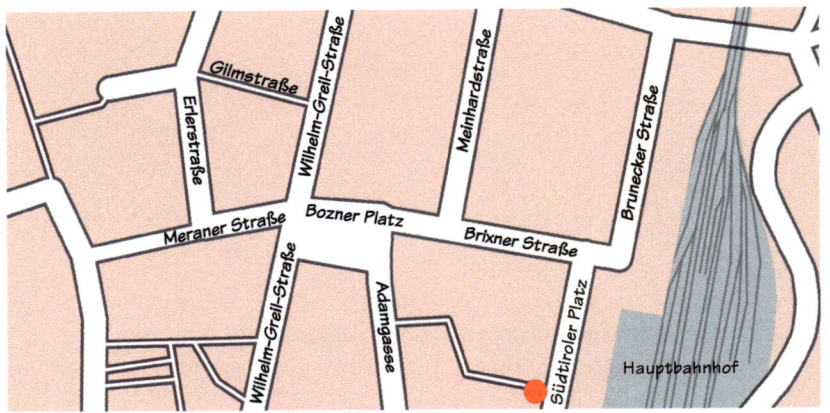

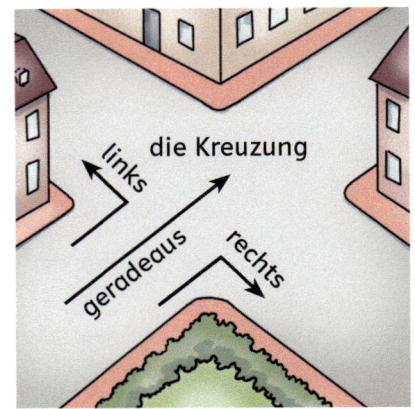

c Sehen Sie den Plan in 5b an. Wie kommt Eleni zu Silvias Büro? Sprechen Sie.

> Eleni steigt am Hauptbahnhof aus. Eleni geht…

d Lesen Sie die Nachricht in 5a noch einmal und ergänzen Sie die Tabelle. Ⓖ

FOKUS   Imperativ: du-Form

Verb: Position 1

Komm bitte zum Büro.

.... den Ausgang Südtiroler Platz.

.... dann rechts.

.... mich bitte ....

.... am Eingang.

kommen → d̶u̶ komms̶t̶
gehen → d̶u̶ gehs̶t̶
warten → d̶u̶ wartes̶t̶
nehmen → d̶u̶ nimms̶t̶
an̸rufen → d̶u̶ rufs̶t̶ an
fahren → d̶u̶ fährs̶t̶ → fahr

e Schreiben Sie eigene Sätze mit den Verben aus 5d.

Warte hier.

f Orientierung im Kursraum. Fragen und antworten Sie.

Wie komme ich zum Fenster? Geh links.
Wie komme ich zur Tür?

a Was ist wo in Innsbruck? Suchen Sie die Orte auf dem Stadtplan.

die Touristeninformation
der Fluss (der Inn)
der Dom
die Hofburg
das Landestheater
das Café Katzung
das Goldene Dachl
die Bank

Nr. 1 ist die Touristeninformation.

🎧 3.76–77 **b** Hören Sie die Dialoge. Kreuzen Sie an.

1. Die Person ist in der Seilergasse.   Dialog 1 ☐   Dialog 2 ☐
2. Die Person ist am Dom und möchte an den Inn.   Dialog 1 ☐   Dialog 2 ☐

🎧 3.76–77 **c** Hören Sie noch einmal und ergänzen Sie *Wo?* oder *Wohin?* in der Tabelle.

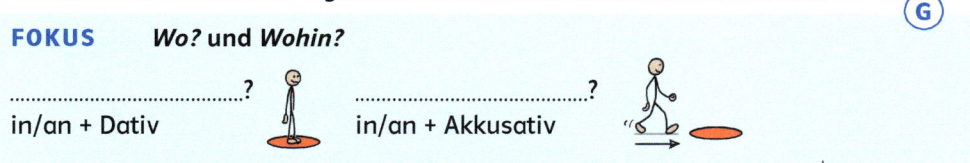

FOKUS   *Wo?* und *Wohin?*

............................?   ....?

in/an + Dativ   in/an + Akkusativ

Wir sind **in der** Seilergasse.   Gehen Sie **in die** Pfarrgasse.   in + das = ins
Dann sind Sie **an der** Brücke.   Ich möchte **an den** Fluss / **an den** Inn.   an + das = ans

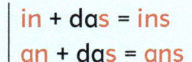 in
 an

d Lesen Sie die Antworten und suchen Sie die Wege auf dem Stadtplan.

1. Sie sind in der Seilergasse. Gehen Sie geradeaus. Da sehen Sie die Herzog-Friedrich-Straße. Da gehen Sie rechts und dann immer geradeaus. Dann gehen Sie an der zweiten Kreuzung links. Da sehen Sie die Touristeninformation.

2. Wir sind am Innrain. Hier links sehen Sie den Inn. Gehen Sie zur Ottoburg und da rechts. Dann noch einmal rechts und schon sehen Sie das Café Katzung.

e Wegbeschreibungen – Fragen und antworten Sie. Arbeiten Sie mit dem Stadtplan.

Sie sind hier:	der Dom	die Seilergasse	die Touristen-information	die Bank	die Museumsstraße
Sie suchen:	die Bank	das Goldene Dachl	den Dom	die Ottoburg	das Café Katzung

Wie komme ich zum Dom, bitte?   Gehen Sie …   Wie komme ich zur Ottoburg?

Kannst du mir helfen? Ich suche …   Geh hier …

UND SIE?

Wie kommen Sie zum Deutschkurs oder zur Arbeit? Schreiben und sprechen Sie.

Ich fahre mit dem Bus zur Haltestelle „Hofenedergasse". Dort steige ich aus. Dann gehe ich …

7 Was machen wir morgen?

🎧 3.78 **a** Hören Sie das Gespräch. Welche Bilder passen?

 A ☐

 B ☐

 C ☐

der Alpenzoo

das Restaurant am Berg

die Standseilbahn

🎧 3.78 **b** Was ist richtig? Kreuzen Sie an. Hören Sie noch einmal zur Kontrolle.

Eleni und Silvia wollen am Sonntag in den Alpenzoo gehen.

1. Sie wollen
   a mit dem Zug fahren.
   b mit der Standseilbahn fahren.
   c zu Fuß gehen.

2. Der Alpenzoo ist
   a in Innsbruck.
   b am Inn.
   c in den Bergen.

3. Die neue Standseilbahn
   a ist von 1906.
   b ist von 2007.
   c heißt Alpenzoobahn.

c Wohin gehen/fahren Sie? Schreiben Sie Kärtchen und üben Sie.

das Café | der Park | der Berg, die Berge | die Schule | der Fluss | der See

< Wohin gehst du morgen? | Ich gehe ins Café. > | Ich gehe in den Park. >

< Wohin fährst du am Wochenende? | Ich fahre in die Berge. > | Ich fahre an den See. >

d Lesen Sie die Postkarte und ergänzen Sie die Präpositionen.

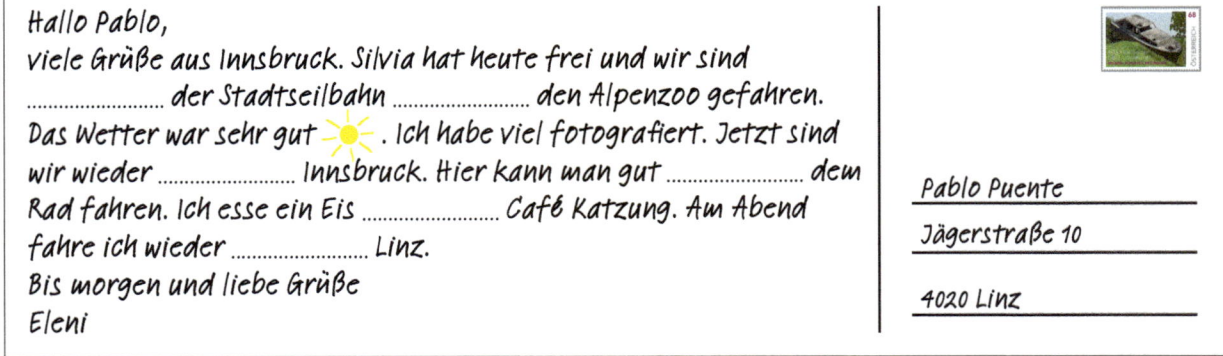

Hallo Pablo,
viele Grüße aus Innsbruck. Silvia hat heute frei und wir sind
.... der Stadtseilbahn .... den Alpenzoo gefahren.
Das Wetter war sehr gut ☀. Ich habe viel fotografiert. Jetzt sind
wir wieder .... Innsbruck. Hier kann man gut .... dem
Rad fahren. Ich esse ein Eis .... Café Katzung. Am Abend
fahre ich wieder .... Linz.
Bis morgen und liebe Grüße
Eleni

Pablo Puente

Jägerstraße 10

4020 Linz

UND SIE?

a Sprechen Sie. Welche Städte in Österreich, Deutschland, der Schweiz oder in einem Land, das Sie gut kennen, haben Sie besucht? Wann waren Sie dort? Wie sind Sie gereist? Was haben Sie gemacht?

b Schreiben Sie eine Postkarte an eine Person im Kurs. Die Postkarte in 7d hilft. Wählen Sie.

Schreiben Sie eine Postkarte aus Ihrer Heimatstadt.

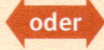 oder

Schreiben Sie eine Postkarte aus einer Stadt in D-A-CH.

a Lesen Sie den Text. Welche Informationen finden Sie zu den folgenden Wörtern?

Westen   Einwohner   Fluss   Sehenswürdigkeiten   Sport

Innsbruck

Schwarze Mander

Innsbruck liegt im Westen von Österreich. Es ist die Hauptstadt vom Bundesland Tirol. Die Stadt liegt in den Bergen, den Alpen und an einem Fluss, dem Inn. Sie hat ca. 130.000 Einwohner, aber auch viele Studenten wohnen in Innsbruck. In der Stadt gibt es mehrere Universitäten.

Touristen lieben Innsbruck! Es hat viele Sehenswürdigkeiten: Man kann das Goldene Dachl, den Dom und die Hofburg besichtigen. In der Hofkirche gibt es die „Schwarzen Mander" (= schwarzen Männer) am Grab von Kaiser Maximilian. Es gibt viele Theater und Museen, z. B. in der Hofburg oder das Ferdinandeum. Natürlich kann man im Stadtzentrum auch gut einkaufen. Es gibt viele Geschäfte. Aber man kann in Innsbruck auch Sport machen: spazieren gehen, bergwandern, Ski fahren.

In Innsbruck kann man alte und neue Architektur sehen: die Ottoburg aus dem 12. Jahrhundert und die Sprungschanze am Bergisel aus dem 20. Jahrhundert.

> Innsbruck ist im Westen von Österreich.

der Norden

der Westen — der Osten

der Süden

Sprungschanze Bergisel

b Lesen Sie noch einmal und beantworten Sie die Fragen.

1. Wo ist Innsbruck?
2. Was kann man in Innsbruck besichtigen?
3. Was kann man in Innsbruck in der Freizeit machen?
4. Was ist alt, was ist neu?

Innsbruck ist im Westen von Österreich. Die Stadt ...

 c Machen Sie ein Plakat mit Informationen über eine Stadt.

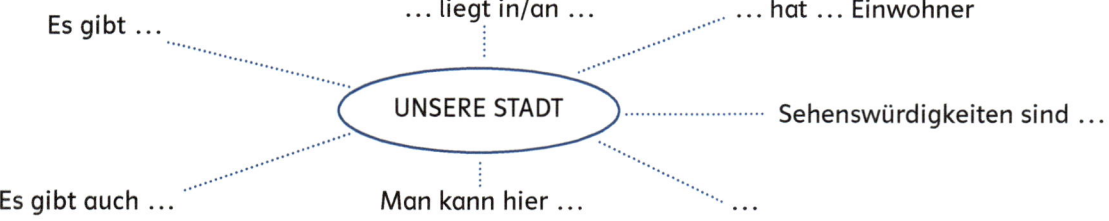

Es gibt ...   ... liegt in/an ...   ... hat ... Einwohner

UNSERE STADT

Sehenswürdigkeiten sind ...

Es gibt auch ...   Man kann hier ...   ...

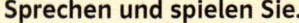 **VORHANG AUF**

Sprechen und spielen Sie.

Präsentieren Sie Ihre Lieblingsstadt oder die Stadt aus 8c.

> Lublin liegt in ...

Spielen Sie Wegbeschreibungen.

> Wie komme ich vom Deutschkurs zum...?

Geben Sie Anweisungen und reagieren Sie.

> Geh bitte zur Tafel. Schreib „Innsbruck".

ÜBUNGEN

1 Besuch in Innsbruck

a Schreiben Sie W-Fragen und Ja/Nein-Fragen zu den markierten Informationen.

1. Silvia wohnt in Innsbruck.   *Wo wohnt Silvia?* ....

2. Eleni wohnt in Linz.   ....

3. Eleni kommt aus Rumänien.   ....

4. Eleni besucht Silvia im Juli.   ....

5. In Innsbruck gibt es viele Sehenswürdigkeiten. ....

6. Ja, Silvia muss im Juli viel arbeiten.   *Muss Silvia* ....

7. Nein, Eleni fährt nicht mit dem Auto.   ....

8. Ja, Eleni hat die Reise gefallen.   ....

b Ergänzen Sie Elenis Mail.

bitte   ~~Hallo~~   Wochenende   bekommen   Firma   Geburtstag

dich   Grüße   Dank   arbeiten   in Linz

(1) *Hallo* ...., Silvia,

vielen (2) .... für dein E-Mail zum (3) ....

Ich habe in der (4) .... einen Reisegutschein zum Geburtstag

(5) .... und jetzt ist es klar: Ich besuche (6) ....

Ich möchte am zweiten (7) .... im Juli kommen.

Ist das o.k.? Hast du da Zeit oder musst du

(8) ....? Kannst du mir

(9) .... bald antworten?

Liebe (10) ....

Eleni

PS: Das Foto habe ich letzten Samstag
vom Ars Electronica Center hier (11) .... gemacht.

2 Ich fahre mit ...

a Markieren Sie die passende Präposition.

1. Ich fahre selten **mit**/zu dem Fahrrad.

2. Ich gehe gerne **zu**/auf Fuß.

3. Wie fährst du **zur**/nach Schule?

4. Ich bin gerade **von**/zu der Schule **von**/nach
   Hause gekommen.

5. Wie kommst du **zum**/nach Bahnhof?

6. Ich fahre **mit**/zu der Straßenbahn.

7. Fährst du mit dem Fahrrad **nach**/zum Supermarkt?

8. Ich fahre am Samstag **nach**/zu Feldkirch.
   Kommst du mit?

b Ort und Zeit – Ergänzen Sie die passenden Präpositionen.

~~am~~   bis   im   vor   um   vor   Von   zum   von ... bis   zum nach

1. Eleni möchte ..._am_... zweiten Wochenende .... Juli .... Innsbruck fahren.

2. Sie hat .... ein Uhr Unterricht. Sie kann ab 13:30 Uhr fahren.

3. Sie fährt gleich nach dem Unterricht .... Bahnhof.

4. .... der Sprachschule .... Bahnhof braucht die Straßenbahn fünf Minuten.

5. Es gibt einen Zug .... Viertel .... zwei.

6. Eleni bleibt .... Freitag .... Sonntag in Innsbruck.

c Und Sie? Was machen Sie zu Fuß, mit dem Fahrrad, mit dem Auto/Bus/Zug ...? Ergänzen Sie. Schreiben Sie Sätze wie im Beispiel.

einkaufen • zur Sprachschule • in die Stadt • nach Hause • ins Kino • zum Sport ...

zu Fuß	_einkaufen / ..._
mit dem Fahrrad	....
mit dem Auto/Bus/Zug	....
mit der Straßenbahn/U-Bahn	....

Ich gehe zu Fuß einkaufen. Ich fahre ...

3 Am Bahnhof

🎧 3.79 **a Hören Sie den Dialog und ergänzen Sie die Informationen.**

Reise: von Linz nach _Salzburg_ ....

Hinfahrt am: ....

Abfahrt um: ....

Rückfahrt am: ....

Abfahrt um: .... Ankunft um: ....

🎧 3.79 **b Ergänzen Sie den Dialog. Ordnen Sie a–f zu. Hören Sie zur Kontrolle.**

● [c]
○ Wann wollen Sie fahren?
● ☐
○ Der letzte direkte Zug am Freitag fährt um 23 Uhr 05.
● ☐
○ Der erste Zug am Samstag fährt um 5 Uhr 04.
● ☐
○ Dienstagmorgen?
● ☐
○ Der letzte Zug fährt um 22 Uhr 12 und Sie sind um 23 Uhr 29 in Linz.
● ☐

a) Perfekt. Samstagmorgen hin und Dienstagnacht bin ich dann zurück.
b) Am Freitagabend, den 3.6. sehr spät oder am Samstagmorgen, den 4.6. sehr früh.
c) Guten Tag, ich möchte von Linz nach Salzburg fahren.
d) Hm, nein, dann am Samstagmorgen, bitte.
e) O.k., dann Samstag früh hin – und am Dienstag, den 8. Juni, möchte ich zurückfahren.
f) Nein, Dienstagabend.

Hilfe? – Hören Sie zuerst und ordnen Sie dann.

4 Aussprache: *r* und *l*

♫ 3.80   **Hören Sie und sprechen Sie nach.**

Reise	leise	heiraten	einladen
reiten	leben	raten	lang
rechts	links	rauchen	laufen
ruhig	laut	Innsbruck	Blumen

RRRRRRRRRRR

5 Ankunft in Innsbruck

🎧 3.81–83   **a**   **Sie hören drei Wegbeschreibungen. Der Start ist immer A. Zeichnen Sie die Wege in den Plan.**

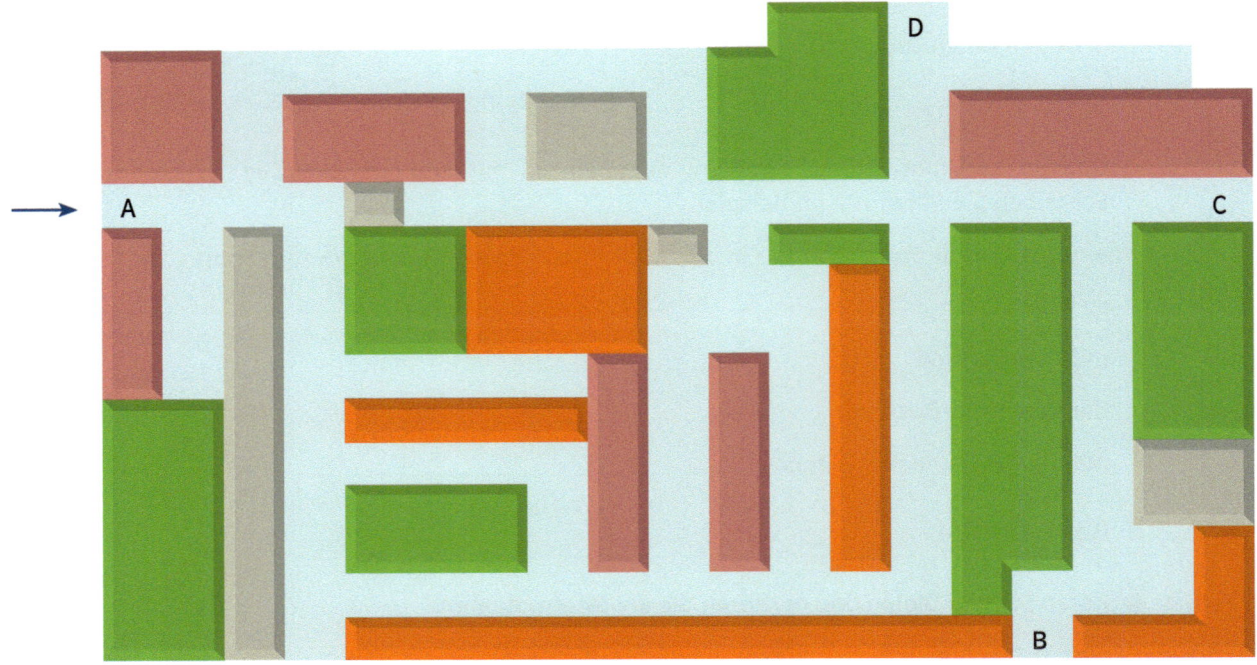

b   **Bilden Sie den Imperativ in der du-Form und in der Sie-Form.**

2. Person Präsens	Imperativ: du-Form	Imperativ: Sie-Form
~~du~~ wart~~est~~	*Warte.*	*Warten Sie, bitte.*
du arbeitest	....	....
du gehst	....	....
du nimmst	....	....
du fährst	....	....
du steigst aus	....	....

c   **Imperativ: Schreiben Sie die Sätze in der du-Form.**

1. geradeaus gehen   *Geh geradeaus.* ....

2. die S1 Richtung Zentrum nehmen   ....

3. drei Stationen fahren   ....

4. beim Rathaus aussteigen   ....

5. am Gleis 2 auf die U-Bahn warten   ....

6. mich vom Hauptbahnhof anrufen   ....

6 Unterwegs in Innsbruck

a Orte in der Stadt – Schreiben Sie die Wörter zu den Bildern.

die Sehenswürdigkeit ....

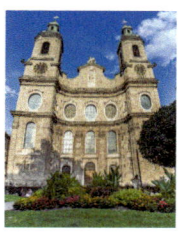   

....

der Alpenzoo, die Touristeninfo, der Fluss, der Dom, die Berge, der Bahnhof, die Bank, ~~die Sehenswürdigkeit~~

3.84–85 **b** Zwei Wegbeschreibungen – Sehen Sie die Pläne A und B genau an. Hören Sie die Dialoge zweimal. Ordnen Sie die Dialoge den Bildern zu.

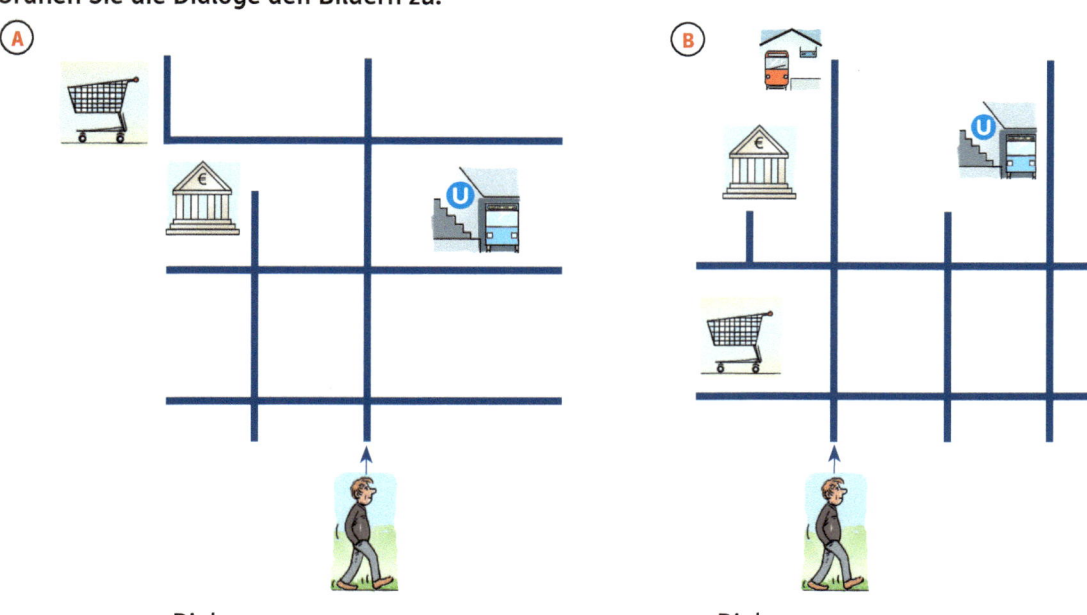

Dialog: .... Dialog: ....

3.84–85 **c** Ergänzen Sie die Wegbeschreibungen aus 6b und hören Sie zur Kontrolle.

geradeaus   Kreuzung   Kreuzung   rechts   Straße   ~~suche~~   suche

1. ● Entschuldigung, ich *suche* die U-Bahn.

   ○ Das ist einfach. Gehen Sie hier vorne gleich .... Dann an der zweiten

   .... links und dann 200 Meter geradeaus bis zur U-Bahn-Station.

2. ● Entschuldigung, ich .... eine Bank.

   ○ Einen Moment ... also ... gehen Sie hier .... An der zweiten ....

   links und die erste .... rechts. Da sehen Sie schon die Bank.

d Wo oder wohin? Ergänzen Sie zuerst die Sätze. Schreiben Sie dann Fragen zu den markierten Informationen.

am ~~bei~~ im in der ins ins zum zum

1. Heute Abend bin ich ___bei___ Silvia.   _Wo bist du heute Abend?_
2. Ich bin gerade _____ Café.   ....
3. Nach dem Essen gehe ich _____ Museum.   ....
4. Morgen fahren wir _____ Alpenzoo.   ....
5. Das Restaurant ist _____ Fluss.   ....
6. Ich gehe _____ Restaurant.   ....
7. Der Tourist ist _____ Seilergasse.   ....
8. Er möchte _____ Bahnhof.   ....

7 Was machen wir morgen?

Sehen Sie die Bilder an. Ordnen Sie die Sätze und schreiben Sie die Postkarte.

Freitag/Samstag: Zürich

Sonntag: Bern

Montag: Luzern

- [ ] Am Dienstag fahre ich dann wieder nach Hause.
- [ ] Heute bin ich dann nach Bern gefahren. Bern gefällt mir sehr gut.
- [ ] Morgen mache ich einen Ausflug nach Luzern.
- [ ] Ich bin am Freitag nach Zürich gefahren und gestern habe ich die Stadt angesehen.
- [1] Liebe Maria,
- [ ] Liebe Grüße, Ben.   _Liebe Maria, viele ..._
- [ ] viele Grüße aus der Schweiz.

8 Innsbruck: Natur und Kultur

a Suchen Sie 17 Nomen zum Thema *Stadt* (↓ und →). Markieren Sie.

L	N	S	T	R	A	S	S	E	N	B	A	H	N	L	R	U	B	U	S
R	L	V	S	P	D	H	T	J	B	A	N	K	T	P	L	A	T	Z	G
A	K	M	T	Z	G	A	S	S	E	H	T	N	C	P	X	A	U	T	O
T	O	U	R	I	S	T	E	N	I	N	F	O	R	M	A	T	I	O	N
H	K	S	A	P	Y	H	A	U	S	H	O	S	A	C	L	F	Y	Ü	P
A	I	E	S	A	Y	Y	T	Y	D	O	M	T	F	A	H	R	R	A	D
U	N	U	S	R	K	N	E	L	Y	F	L	U	S	S	Y	C	A	F	E
S	O	M	E	K	Y	Y	R	E	S	T	A	U	R	A	N	T	I	N	V

b Wo liegt das in Österreich? Ergänzen Sie die Sätze. Die Karte vorne im Buch hilft.

im Osten   im Westen   im Zentrum   im Süden   im Norden

1. Bregenz liegt ....

von Österreich. Die Stadt ist am

Ufer vom Bodensee. Der See liegt auch

in Deutschland und in der Schweiz.

2. Salzburg ist .... von Österreich. Es ist

eine Kulturstadt und sehr bekannt bei Touristen.

3. Eisenstadt ist im Burgenland.

Es ist nicht mehr weit bis nach Ungarn.

Eisenstadt liegt ....

4. Der See bei Klagenfurt heißt

Wörthersee. Die Stadt liegt

....

von Österreich.

5. Der Fluss in Linz heißt Donau.

Die Stadt liegt ....

von Österreich, im Bundesland

Oberösterreich.

N
W   O
S

LEICHTER LERNEN

a So können Sie die Präpositionen mit Dativ lernen:

> Herr **von Nachbeimit** und Frau **Ausseitzu*** lieben ihre Dativ-Kuh.

* Die Präposition *seit* lernen Sie in Kapitel 14: Ich arbeite **seit** einem Jahr **bei** der Firma Müller.

b Lernen Sie Präpositionen immer mit Beispielen.

nach
nach Klagenfurt fahren
nach Hause gehen
nach dem Essen

nach
to go to Klagenfurt
to go home
after dinner

c Ergänzen Sie die drei Lernkarten.

Ich bin um 8 Uhr ....
Hause gegangen.

Ich gehe ....
Fuß zum Deutschkurs.

Er arbeitet .... der
Firma „Wolf GmbH".

d Schreiben Sie eigene Lernkarten für Präpositionen.

RICHTIG SCHREIBEN

Was haben Sie in Kapitel 12 gelernt? Schreiben Sie den Text richtig.

IN|KAPITEL|12HABENWIRWEGBESCHREIBUNGENKENNENGELERNT.
WIRHABENEINIGEPRÄPOSITIONENGELERNTUNDDENIMPERATIVMITDU.
WIRKENNENJETZTAUCHDIESTADTINNSBRUCKUNDIHRESEHENSWÜRDIGKEITEN.

In Kapitel 12 haben wir ...

Mein Deutsch nach Kapitel 12

Das kann ich:

sagen, wie man wo hinkommt

Fragen und antworten Sie.

< Wie kommst du zum/zur ...?   Ich fahre mit ... >

---

eine Fahrkarte kaufen

Krems, Freitag,
15.00 Uhr

Spielen Sie einen Dialog.

● Ich möchte eine Fahrkarte nach ...
○ Wann möchten Sie fahren?
● Am ... um ...

---

jemanden zu etwas auffordern

anrufen • den Bus nehmen •
ein E-Mail schicken • am Bahnhof warten • ...

Sprechen Sie.

Bitte ruf an! >

---

einen Weg beschreiben

Orte in Ihrer Stadt – Fragen und antworten Sie.

< Wo ist die Bank?   Gehen Sie hier links, dann rechts. Da ist ... >

---

eine Postkarte schreiben

Hallo ...   Viele Grüße aus ...   Heute sind wir ...
Ich habe ...   Jetzt ...   Bis bald.

Schreiben Sie mit den Satzanfängen eine Postkarte.

Hallo ...

www → A1/K12

Das kenne ich:

Ⓖ

Präpositionen mit Dativ: *von – nach – zu – mit*

Woher?	Wohin?	Wie?
von Wien	nach Krems	zu Fuß
vom Bahnhof	zum Bahnhof	mit dem Zug
von der Schule	zur Schule	mit dem Fahrrad

vo**n** + **dem** = **vom**
zu + **dem** = **zum**
zu + **der** = **zur**

Imperativ: du-Form

gehen – ~~du~~ geh~~st~~	→	geh
warten – ~~du~~ warte~~st~~	→	warte
nehmen – ~~du~~ nimm~~st~~	→	nimm

aus steigen – ~~du~~ steig~~st~~ aus	→	steig aus
fahren – ~~du~~ fähr~~st~~	→	fahr

Präpositionen *in* und *an* auf die Fragen *Wohin?* und *Wo?*

	Wohin? in/an + Akkusativ		Wo? in/an + Dativ
Sie geht	in den Park.	Sie ist	im Park.
	ins Museum.		im Museum.
	in die Seilergasse.		in der Seilergasse.
Er geht	an den Fluss.	Er ist	am Fluss.
	ans Ufer.		am Ufer.
	an die Donau.		an der Donau.

in + da**s** = **ins**
in + **dem** = **im**

an + da**s** = **ans**
an + **dem** = **am**

Ⓖ

HALTESTELLE

1 Lesen – Berufe

Wer sagt was? Ordnen Sie die Texte den Fotos zu.

☐ Reiseberater/in

☐ Kellner/in (offiziell: Fachkraft im Gastgewerbe)

☐ Lokführer/in

☐ Schaffner/in (offiziell: Zugbegleiter/in)

1 Ich arbeite im Reisezentrum im Bahnhof. Ich beantworte Fragen und gebe Informationen über die Reise. Ich verkaufe Fahrkarten. Ich spreche Englisch und ein bisschen Französisch.

2 Ich fahre Züge. Der ICE fährt bis zu 300 km/h. Ich muss immer sehr konzentriert sein. Manchmal muss ich sehr früh aufstehen und auch am Wochenende arbeiten. Ich fahre auch privat mit dem Zug. Das ist billig für mich.

3 Ich fahre durch ganz Österreich und manchmal auch bis in die Schweiz oder nach Deutschland. Ich kontrolliere die Fahrkarten und verkaufe Fahrscheine. Ich gebe den Fahrgästen auch Informationen. Ich mag Menschen und helfe gerne bei Problemen.

4 Ich bin immer gerne mit dem Zug gefahren und jetzt arbeite ich auch da. Ich bediene die Kunden im Zugrestaurant oder Bistro. Viele Gäste sehe ich oft. Die kennen mich schon. Meine Arbeit macht mir Spaß. Ich weiß: Meine Gäste mögen mich.

2 Schreiben

Wählen Sie einen Text von oben und lesen Sie laut. Ihr Partner / Ihre Partnerin schreibt auf. Er/Sie hat drei Joker und kann dreimal fragen.

Joker! Wie schreibt man „Reisezentrum"?

R e i s e z e n t r u m

3 Spielen und wiederholen

a Lesen Sie den Stadtplan. Erfinden Sie einen Namen für die Stadt und tragen Sie die Orte in den Plan ein.

die Bank   das Theater   die Post   das Kino   das Hotel „Sonne"   das Rathaus

das Museum   der Supermarkt

Stadtplan „..."

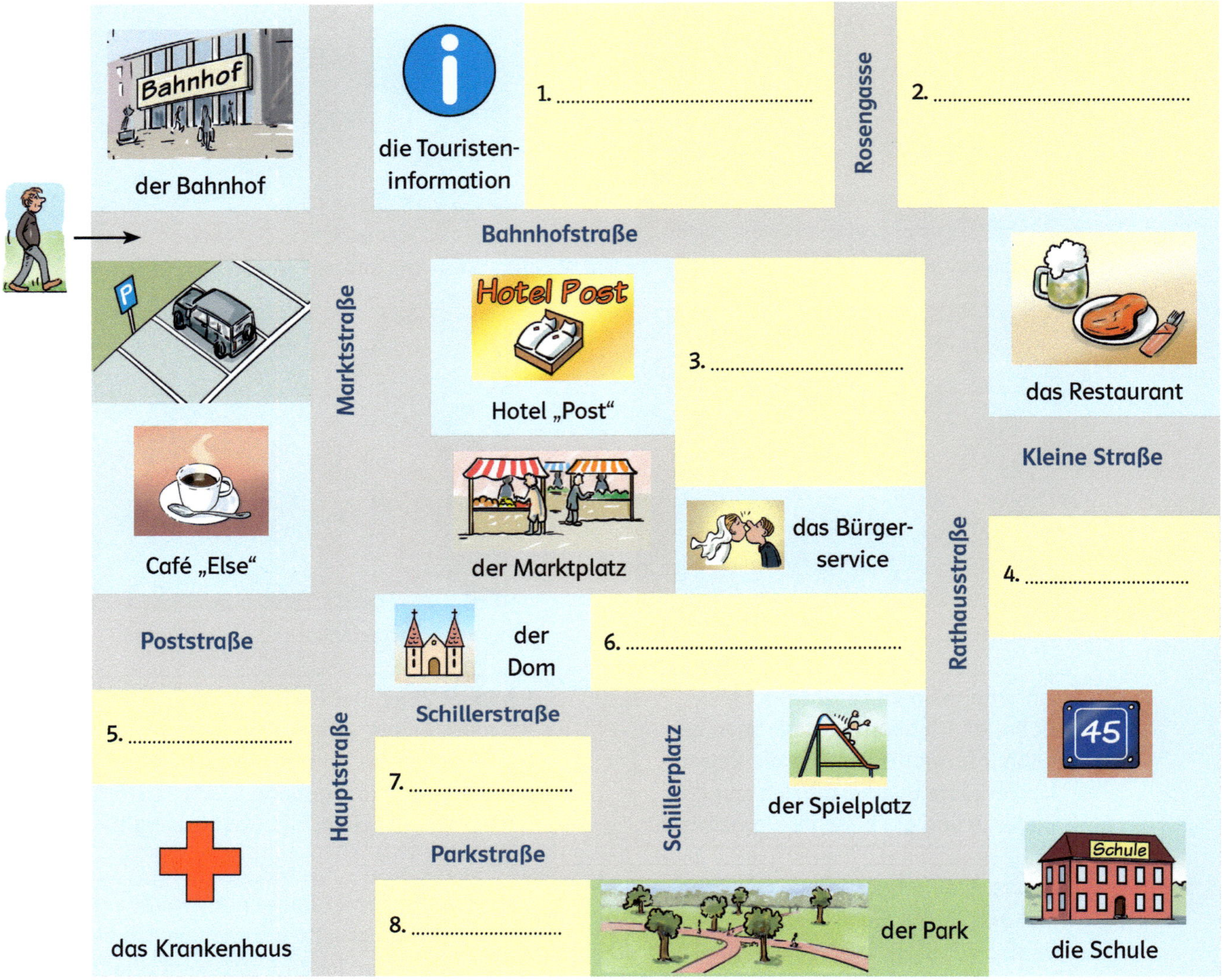

Bahnhof

der Bahnhof

die Touristen-information

1. ....

Rosengasse

2. ....

Bahnhofstraße

Marktstraße

Hotel Post

Hotel „Post"

3. ....

das Restaurant

Kleine Straße

Café „Else"

der Marktplatz

das Bürger-service

Rathausstraße

4. ....

Poststraße

der Dom

6. ....

45

5. ....

Hauptstraße

Schillerstraße

7. ....

Schillerplatz

der Spielplatz

Schule

das Krankenhaus

Parkstraße

8. ....

der Park

die Schule

b Spielen Sie mit Ihrem Partner / Ihrer Partnerin Wegbeschreibungen. Notieren Sie die Orte von Ihrem Partner / Ihrer Partnerin. Vergleichen Sie dann.

1. ....
2. ....
3. ....
4. ....

5. ....
6. ....
7. ....
8. ....

> Wie komme ich vom Bahnhof zum/zur ...?

> Gehen Sie ... / Geh ...

c Sie wollen mit Freunden in „Ihrer" Stadt Geburtstag feiern. Was machen Sie? Machen Sie einen Plan.

1. Wie viele Leute kommen?
2. Wie lange haben Sie Zeit?
3. Was machen Sie am Tag?
4. Was machen Sie am Abend?

> Wir gehen zuerst einmal ins Café „Else".

TESTTRAINING

→ Lesen Sie immer zuerst die Aufgabe und dann den Text.

→ Suchen Sie im Text <mark>ähnliche Wörter.</mark>

→ Sie müssen für die Lösung der Aufgabe nicht jedes Wort im Text verstehen!

→ Kreuzen Sie immer etwas an.

1 Lesen

Sie wollen Möbel für Ihre Kinder kaufen. Sie suchen in Privatanzeigen. Wo rufen Sie an?
Lesen Sie die Fragen und die Texte 1–3. Kreuzen Sie die richtige Lösung (a oder b) an.

1 Sie brauchen eine Lampe für den Schreibtisch. Welche Telefonnummer rufen Sie an?
    (a) 01/450 68 62   (b) 0650/22 14 532

> ### Biete
> Schöne alte Lampe für die Küche, blau mit gelb,
> kleine Flecken für 20 €.
> Tel.-Nr. 0650/2214532

> ### Biete
> Schreibtischlampe, neu, verpackt, rot, mit LED 10 €.
> Tel.-Nr. 01/4506862

2 Sie suchen einen Schreibtisch mit Sessel. Welche Telefonnummer rufen Sie an?
    (a) 07423/18421   (b) 07423/889210

> ### Biete
> Kleines Regal für Kinderzimmer + Schreibtischsessel,
> neuwertig, zusammen um 70 €.
> Tel.-Nr. 07423/18421

> ### Biete
> Tisch (als Schreibtisch verwendbar) mit passendem
> Sessel (blauer Bezug), insgesamt 80 €.
> Tel.-Nr. 07423/889210

3 Sie suchen einen Kasten mit 3 Türen. Welche Telefonnummer rufen Sie an?
    (a) 08914/8234   (b) 02235/23 4418

> ### Biete
> einfachen Kasten, mit 3 hellen Türen + Einlegeböden,
> guter Zustand, 140 €.
> Tel.-Nr. 08914/8234

> ### Biete
> großen Kasten, 5 Türen (3 m lang, 1,5 m hoch),
> aus Buche, Preis bei Selbstabholung 300 €.
> Tel.-Nr. 02235/23 4418

2 Sprechen

a Etwas anbieten, Bitten, Vorschläge und Ratschläge formulieren und darauf reagieren. Üben Sie Dialoge. Es gibt mehrere Möglichkeiten.

> → Dieser Prüfungsteil funktioniert so wie „Um Informationen bitten / Informationen geben". Lesen Sie noch einmal die Tipps auf Seite 159!
>
> → Sehen Sie Ihre Partnerin / Ihren Partner an! Sie können auch mit Gesten reagieren.

1. ● Ich hätte gern den Stift.
2. ● Kann ich bitte einen Stift haben?
3. ● Ich möchte einen Stift.
4. ● Haben Sie vielleicht einen Stift?
5. ● Ich brauche einen Stift, bitte.

○ Tut mir leid, ich habe auch keinen Stift.
○ Ja, gerne.
○ Hier, bitte.
○ Natürlich.
○ Sofort. / Einen Moment, bitte.

b Schreiben Sie zu den Karten Bitten und Reaktionen. Sprechen Sie.

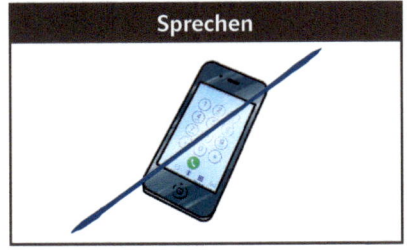

> Bitte telefonieren Sie hier nicht.

> Entschuldigung, ich bin schon fertig.

c Üben Sie jetzt frei.

Gute Besserung!

das Fieber

die Erkältung

Hatschi!

die Krankmeldung /
die Arbeitsunfähigkeitsmeldung

der Arzt

die Tablette

1 Gesundheit!

a Sehen Sie das Foto an. Was ist los? Sprechen Sie.

krank sein   nicht arbeiten   zum Arzt gehen   nach Hause gehen   Fieber haben

einen Tee trinken   im Bett bleiben   eine Erkältung haben   ins Bett gehen

< Luka ist krank.   < Er hat eine Erkältung.   < Er muss …   < Er kann …   < …

🎧 4.02   **b** Hören Sie das Gespräch. Wer sagt das: Luka (L), der Kollege (K) oder die Chefin (C)?

1. Ich habe eine Erkältung.   _L_   5. Gehen Sie zum Arzt.   ....

2. Ist das Auto fertig?   ....   6. Ich brauche eine Arbeitsunfähigkeitsmeldung.   ....

3. Luka ist krank.   ....   7. Bleiben Sie im Bett!   ....

4. Haben Sie Fieber?   ....   8. Gute Besserung!   ....

Lernziele

Sprechen sagen, dass man krank ist; Aufforderungen formulieren; Körperteile benennen; einen Arzttermin vereinbaren |
Hören eine Terminvereinbarung; ein Gespräch mit dem Arzt/Apotheker; ärztliche Anordnungen | **Schreiben** Reaktion auf
eine Einladung | **Lesen** Kurznachrichten; den Flyer von einer Sporthalle | **Beruf** Berufsporträt *Krankenpfleger*

2 Eine Nachricht an Markus

a Lesen Sie die Nachrichten. Kreuzen Sie an: richtig oder falsch?

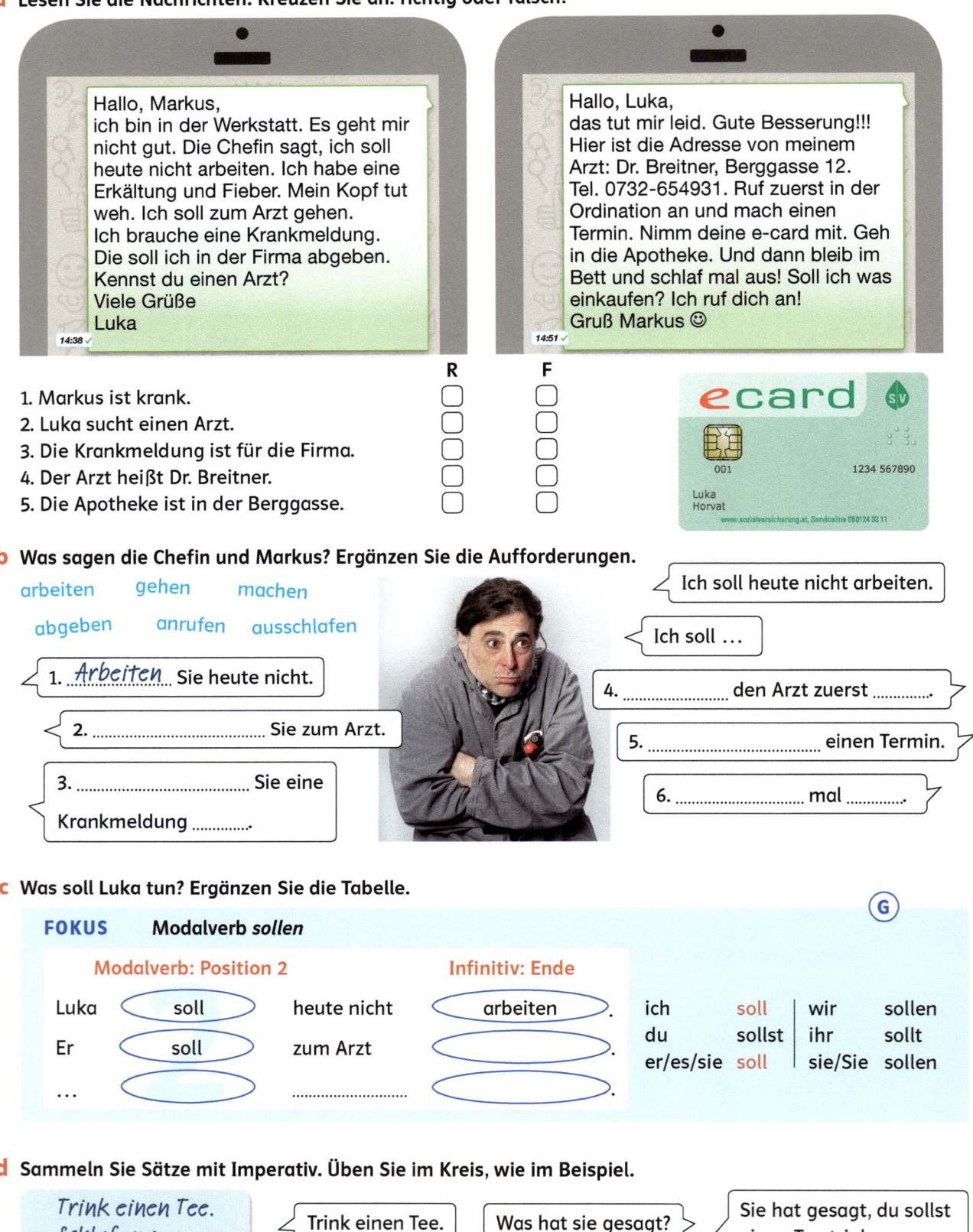

Hallo, Markus,
ich bin in der Werkstatt. Es geht mir nicht gut. Die Chefin sagt, ich soll heute nicht arbeiten. Ich habe eine Erkältung und Fieber. Mein Kopf tut weh. Ich soll zum Arzt gehen. Ich brauche eine Krankmeldung. Die soll ich in der Firma abgeben. Kennst du einen Arzt?
Viele Grüße
Luka

14:38

Hallo, Luka,
das tut mir leid. Gute Besserung!!! Hier ist die Adresse von meinem Arzt: Dr. Breitner, Berggasse 12. Tel. 0732-654931. Ruf zuerst in der Ordination an und mach einen Termin. Nimm deine e-card mit. Geh in die Apotheke. Und dann bleib im Bett und schlaf mal aus! Soll ich was einkaufen? Ich ruf dich an!
Gruß Markus ☺

14:51

	R	F
1. Markus ist krank.	☐	☐
2. Luka sucht einen Arzt.	☐	☐
3. Die Krankmeldung ist für die Firma.	☐	☐
4. Der Arzt heißt Dr. Breitner.	☐	☐
5. Die Apotheke ist in der Berggasse.	☐	☐

ecard SV
001   1234 567890
Luka Horvat
www.sozialversicherung.at, Serviceline 050124 33 11

b Was sagen die Chefin und Markus? Ergänzen Sie die Aufforderungen.

arbeiten   gehen   machen

abgeben   anrufen   ausschlafen

1. _Arbeiten_ Sie heute nicht.

2. .... Sie zum Arzt.

3. .... Sie eine Krankmeldung ....

Ich soll heute nicht arbeiten.

Ich soll ...

4. .... den Arzt zuerst ....

5. .... einen Termin.

6. .... mal ....

c Was soll Luka tun? Ergänzen Sie die Tabelle.

Ⓖ

FOKUS   Modalverb *sollen*

	Modalverb: Position 2		Infinitiv: Ende	
Luka	(soll)	heute nicht	(arbeiten)	.
Er	(soll)	zum Arzt	( )	.
...	( )	....	( )	.

ich	soll	wir	sollen
du	sollst	ihr	sollt
er/es/sie	soll	sie/Sie	sollen

d Sammeln Sie Sätze mit Imperativ. Üben Sie im Kreis, wie im Beispiel.

Trink einen Tee.
Schlaf aus. ...

Trink einen Tee.

Was hat sie gesagt?

Sie hat gesagt, du sollst einen Tee trinken.

UND SIE?

Sie sind krank. Was sollen Sie tun?

Meine Frau sagt, ich soll ...

3 Der Körper

🎧 4.03 **a** Im Wartezimmer – Hören Sie und ergänzen Sie die Wörter.

.... der K_pf
.... das ___ge
.... die N_se
.... der M_nd
.... das H_ar
.... der H_ls
.... das _hr
.... der _rm
.... die H_nd
.... der B___ch
.... das B___n
.... der F_ß
...*1*... der R_cken
.... das Kn___
.... der F_nger

b Welche Wörter von 1–15 kennen Sie schon? Ordnen Sie zu.

Nummer 1 ist der Rücken.

c Spielen Sie „Im Wartezimmer". Sprechen Sie.

Tut dein Kopf weh?

Nein, mein Ohr tut weh.

4 Ordination Dr. Breitner, guten Tag!

🎧 4.04 **a** Hören Sie das Telefongespräch. Wen ruft Luka an? Was möchte er?

🎧 4.04 **b** Hören Sie noch einmal und ordnen Sie die Sätze.

.... Mittwochs haben wir leider geschlossen. Haben Sie Fieber?

.... Guten Tag. Mein Name ist Luka Horvat. Ich möchte einen Termin, bitte.

.... Ja, und mein Kopf tut sehr weh.

.... Vielen Dank. Bis gleich.

.... Ich bin krank. Kann ich morgen Vormittag kommen?

.... Dann kommen Sie bitte gleich. Vergessen Sie Ihre e-card, also die Versicherungskarte nicht.

...*1*... Ordination Breitner, Kogler. Was kann ich für Sie tun?

.... Bis dann. Auf Wiederhören.

.... Ich habe am Donnerstag um 14 Uhr einen Termin.

c Machen Sie einen Termin. Spielen Sie den Dialog.

Was kann ich für Sie tun?	Ich möchte einen Termin, bitte.
Haben Sie Fieber?	Mir tut ... weh.
Ich habe am ... einen Termin frei.	Das ist zu spät.
Am ... haben wir geschlossen.	Haben Sie morgen / am ... einen Termin?

Guten Tag, Ordination Dr. ...?

Guten Tag, mein Name ist ... Ich bin krank ...

5 Beim Arzt

🎧 4.05–08 **a** Hören Sie und ordnen Sie die Dialoge den Bildern zu.

Ⓐ ☐ Ⓑ ☐ Ⓒ ① Ⓓ ☐

der Husten   der Schnupfen   die Kopfschmerzen (*Pl.*)   das Fieber

🎧 4.09 **b** Was antwortet der Patient? Lesen Sie und verbinden Sie. Hören Sie zur Kontrolle.

1. ● Guten Tag. Was fehlt Ihnen?
2. ● Haben Sie Husten und Schnupfen?
3. ● Öffnen Sie bitte den Mund. Sagen Sie Ah.
4. ● Danke. Ihr Hals ist rot. Haben Sie Fieber?
5. ● Ich gebe Ihnen ein Rezept. Arbeiten Sie?
6. ● Ich schreibe Sie krank.
7. ● Sie bekommen eine Krankmeldung für die Arbeit.
8. ● Kommen Sie nächste Woche am Freitag bitte wieder.
9. ● Ja. Machen Sie bitte mit Frau Pacher einen Termin. Gute Besserung.

a) ○ Am Vormittag?
b) ○ Ich habe eine Erkältung.
c) ○ Ja, bei Widhalm Autotechnik.
d) ○ Ach ja. Eine Krankmeldung. Danke.
e) ○ Vielen Dank. Bis Freitag.
f) ○ Was bedeutet das?
g) ○ Ahhhhh.
h) ○ Nur Schnupfen. Aber ich habe auch Halsschmerzen und Kopfschmerzen.
i) ○ Ja, 38 Grad.

🎵 4.10 **c** Aussprache *f, v, w* – Hören Sie und sprechen Sie nach.

Sie sprechen /f/:   das Fieber • fünf • schlafen • der Beruf • Frau Frodl frühstückt um fünf.
         die Versicherungskarte • vielleicht • Es ist Viertel vor vier. • Mein Vorname ist Eva.

Sie sprechen /w/:   Wann? • weh • warm • die Antwort • das Wasser • Wer wohnt in Wien?
         der November • das Video • das Verb

🎵 4.11 **d** Hören Sie die Sätze und sprechen Sie nach.

Am Freitagvormittag hatte Frau Fröhlich Fieber.
Kommen Sie bitte um Viertel vor fünf wieder.
Vielen Dank für die Hilfe.
Walter Fischer hat den Termin um Viertel vor vier vergessen.

👥 **e** Spielen Sie den Dialog und variieren Sie ihn.

● Guten Tag, Frau Doktor.
○ Guten Tag. Wie geht es Ihnen?
● Mir geht es [schlecht].
○ Was fehlt Ihnen denn?
● Ich habe [Husten].
○ Haben Sie auch [Fieber]?
● Ja. Ich kann nicht [arbeiten].
○ Ich schreibe Sie krank.

Varianten:
s̶c̶h̶l̶e̶c̶h̶t̶ • nicht gut • nicht so gut • …
H̶u̶s̶t̶e̶n̶ • eine Erkältung • Schnupfen • …
F̶i̶e̶b̶e̶r̶ • Kopfschmerzen • Halsschmerzen • …
a̶r̶b̶e̶i̶t̶e̶n̶ • zum Deutschkurs gehen • schlafen • …

👥 **f** Rollenspiel – Jede/r schreibt zwei Kärtchen: ein Körperteil und eine Krankheit. Ziehen Sie eine Karte und spielen Sie den Dialog.

Hals   *Husten*

Arzt/Ärztin   **Patient/Patientin**

Wie geht's Ihnen?   Sehr schlecht. Ich habe Schmerzen.

6 In der Apotheke

🎧 4.12 **a** Hören Sie. Was bekommt Luka? Kreuzen Sie an.

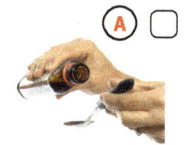 Ⓐ ☐  Ⓑ ☐  Ⓒ ☐ 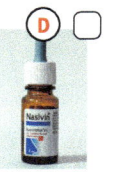 Ⓓ ☐  Ⓔ ☐ 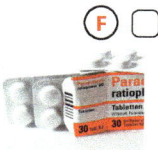 Ⓕ ☐

der Hustensaft die Hustenbonbons (*Pl.*) die Taschentücher (*Pl.*) die Nasentropfen (*Pl.*) die Salbe die Tabletten (*Pl.*)

🎧 4.12 **b** Hören Sie noch einmal. Wann und wie oft soll Luka die Medikamente einnehmen? Schreiben Sie in die Tabelle.

morgens	mittags	abends	nachts
1 Tablette		*1 Tablette*	

1x1 einmal täglich ein/e …
2x1 zweimal täglich ein/e …
2x3 zweimal täglich drei …
3x5 dreimal täglich fünf …
…

c Wie oft soll Birgit was nehmen? Sprechen Sie.

1. Tabletten: 3x1

2. Nasentropfen: 3x2 Tropfen

4. Hustenbonbons: 4x1

3. Hustensaft: 3x1 Esslöffel

> Wie oft soll Birgit die Tabletten nehmen?

> Sie soll dreimal täglich eine Tablette nehmen.

d Haben Sie etwas gegen …? Schreiben Sie einen Dialog und spielen Sie.

- ● Haben Sie etwas gegen …?
- ○ Möchten Sie lieber Tabletten oder …?
- ● …, bitte.
- ○ Einen Moment. Hier bitte.
- ● Was kostet das?
- ○ … €.
- ● Hier bitte.
- ○ Vielen Dank, auf Wiedersehen.
- ● Auf Wiedersehen.

- ● *Haben Sie etwas gegen Husten?*
- ○ *Möchten Sie lieber Tabletten oder …*

UND SIE?

Was machen Sie gegen …? Sprechen Sie.

Kopfschmerzen
Halsschmerzen
Fieber
Schnupfen
Husten
Bauchschmerzen
…

eine Salbe kaufen
eine Tablette nehmen
spazieren gehen   nichts essen
Nasentropfen nehmen
im Bett bleiben   …

> Was machst du gegen Kopfschmerzen?

> Ich gehe spazieren.

7 Bleiben Sie gesund!

a Lesen Sie die Nachricht.
Warum schreibt Markus?

b Lesen Sie den Flyer. Ergänzen
Sie die Sätze 1–4.

> Hallo, Luka, geht es dir wieder besser? Ich gehe am Wochenende in die Sporthalle. Ich will Sport machen, aber nicht allein. Kommst du mit? Wir können am Samstag oder Sonntag gehen. Hier ist der Link: www.sporthalle-plus.net. Bring deine Sportsachen und deine Badehose mit. Es gibt viele Angebote.
> Viele Grüße, Markus
>
> 14:38 ✓

Herzlich willkommen in der Sporthalle!

Öffnungszeiten:
Montag bis Freitag
08:00 - 24:00 Uhr – Fitness bis 22 Uhr
Samstag
08:00 - 23:00 Uhr – Fitness bis 21 Uhr
Sonntag & Feiertag
08:00 - 21:00 Uhr – Fitness bis 20 Uhr

Preise:
Training jetzt für nur 55,– € pro Monat!
1 Besuch wöchentlich
pro 14 Tage: 32,00 €
Kurspaket: 180,00 € (12 x 45 min)

Extra:
Sauna: 7,50 €

allgemeine Informationen:
Die Trainer geben Tipps und Informationen.
Kurse oder Einzelunterricht möglich

Krafttraining (täglich)   Tennis (Mo, Mi, Fr)   Sauna (Di, Do, Sa)   Yoga (So)

1. Die Sporthalle ist am .... von 08:00 bis 23:00 Uhr geöffnet.

2. Das Training kostet im Monat .... €.

3. Das .... kostet 180 €.

4. Am .... kann man Yoga machen.

c Lesen Sie die Nachricht noch einmal und ergänzen Sie die Sätze.

(G)

FOKUS *und, oder, aber*

		Konnektor		
Bring	deine Sportsachen	und	deine Badehose	mit.
Wir können	am Samstag	....	am Sonntag	gehen.
Ich will	Sport machen,	....	nicht allein.	

d *Und – oder – aber?* Ergänzen Sie.

1. Sport ist gesund .... macht fit.

2. Luka mag Krafttraining, ... kein Tennis.

3. Er geht dreimal ins Fitnessstudio: am Montag, am Mittwoch .... am Freitag.

4. Wir können samstags .... sonntags trainieren, ... nicht an beiden Tagen.

e Fragen und antworten Sie.

> Mögt ihr Kaffee oder Tee?

> Ich mag Kaffee, aber Tee mag ich nicht.

> Mögt ihr Yoga oder …?

f Beantworten Sie die Nachricht von Markus. Schreiben Sie zu folgenden Punkten.
- Sie kommen mit.
- Uhrzeit?
- Fahren: Wie?

> Lieber Markus,
> danke für dein E-Mail …

8 Ömers Beruf

a Lesen Sie den Text schnell und sehen Sie die Fotos an. Welchen Beruf hat Ömer Talay?

Ömer Talay lebt schon lange in Österreich. Er ist 1992 aus der Türkei nach Österreich gekommen. Da war er noch klein. Im Kindergarten hat Ömer Deutsch gelernt. Nach der Schule war die Frage: Welchen Beruf soll er lernen? In der Zeitung hat er immer gelesen: „Österreich sucht Pflegekräfte". Zuerst hat er ein Praktikum in einem Pflegeheim gemacht. Das Praktikum hat Ömer gut gefallen. Er mag die Arbeit mit Menschen. Dann hat er drei Jahre lang in Linz eine Ausbildung als Krankenpfleger gemacht. Das war schwer, aber er hat es geschafft.

Heute arbeitet Ömer in Eisenstadt. „Ich verdiene nicht viel. Meine Arbeit ist oft schwer, aber sie gefällt mir. Viele von meinen Kolleginnen und Kollegen sind auch Ausländer", sagt der Krankenpfleger. Ömer fährt zweimal im Jahr in die Türkei. Er besucht Freunde und Verwandte. „Manchmal brauche ich das", lacht er. „Die Türkei ist ja auch meine Heimat!"

Rettungsassistent

Krankenpfleger

Arzt

b Lesen Sie den Text noch einmal und kreuzen Sie an: richtig oder falsch?

	R	F
1. Ömer ist in Österreich geboren.	☐	☐
2. Im Kindergarten hat er nur Türkisch gesprochen.	☐	☐
3. Ömer hat Krankenpfleger gelernt.	☐	☐
4. Seine Ausbildung war einfach.	☐	☐
5. Er bekommt für seine Arbeit wenig Geld.	☐	☐
6. Er hat Verwandte in der Türkei.	☐	☐

c Vergleichen Sie Ihre Ergebnisse.

K13

VORHANG AUF

Spielen Sie die Gespräche. Wählen Sie.

Zu Hause	oder	**Bei der Arbeit**

Rosi Lang
Sie sind krank im Bett. Was haben Sie? Was tut Ihnen weh? Sie wollen nicht aufstehen.

Martin Berger
Sie sind krank bei der Arbeit. Was haben Sie? Was tut Ihnen weh? Sie haben heute so viel Arbeit.

Sebastian, der Mann von Rosi
Ihre Frau ist krank im Bett. Was soll Ihre Frau tun?

Sara Kaser, die Kollegin von Martin
Ihr Kollege ist krank. Was sagen Sie? Was soll er tun?

Jutta, die Schwiegermutter von Rosi
Sie haben Tabletten. Rosi soll dreimal täglich eine Tablette nehmen.

Stefan Rottensteiner, der Hausmeister
Sie gehen in die Apotheke und holen für Martin Berger Tabletten.

Felix, der Sohn von Rosi
Sie wollen mit Freunden ausgehen. Hat Ihre Mutter Ihre Jeans gewaschen?

Herr Strasser, der Chef
Ihr Mitarbeiter ist krank. Was sagen Sie?

ÜBUNGEN

1 Gesundheit!

a Markieren Sie. Schreiben Sie die Sätze.

Luka|ist|krank|erhateineerkältungundfiebererkannheutenicht
arbeitenergehtnachhauseergehtinsbettundtrinktteedanngehter
zumarzt.

> Luka ist krank. Er ...

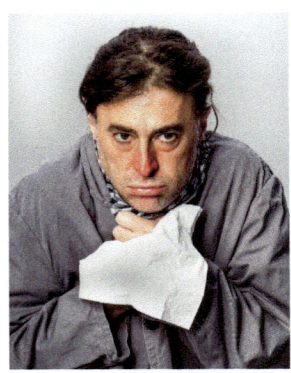

b Wie heißen die Wörter? Schreiben Sie auch den Artikel.

1. mKrnkenlduga   *die Krankmeldung* ....

2. btateTle   ....

3. ztAr   ....

4. stuHne   ....

5. kuEärgnlt   ....

6. eTe   ....

7. eibFer   ....

8. teBt   ....

2 Eine Nachricht an Markus

🎧 4.13   **a** Markus ruft Luka an. Hören und ergänzen Sie die Wörter.

Hallo, Luka. Hier (1) _ist_............... Markus. Warum gehst
du nicht ans Telefon? (2) .... du? Hast du die
(3) .... schon (4) ....?
Oder warst du schon bei Dr. Breitner? Ruf mich bitte später an.
Gute (5) .... und bis dann. Markus.

Besserung   Schläfst
Ordination
angerufen   <s>ist</s>

b Was sagt die Chefin? Schreiben Sie Aufforderungen.

1. heute nicht arbeiten   *Arbeiten Sie heute nicht.* ....

2. nach Hause gehen   ....

3. viel Tee trinken   ....

4. zum Arzt gehen   ....

5. eine Krankmeldung schicken   ....

6. Tabletten kaufen   ....

c Schreiben Sie die Sätze aus 2b mit *sollen*.

> Arbeiten Sie heute nicht!

> Ich soll heute nicht arbeiten.

> Luka soll heute nicht arbeiten.
> Er soll ...

d Schreiben Sie Sätze mit *sollen*.

1. mehr Sport machen (ich)
2. am Wochenende arbeiten (wir)
3. morgen einen Test schreiben (ihr)
4. morgen zum Arzt gehen (du)
5. Deutsch lernen (er)
6. am Montag nach Dornbirn fahren (Eva)

1. Ich soll mehr Sport machen.

e *Müssen*, *können*, *wollen*, *sollen*? Ergänzen Sie die Modalverben. Es gibt manchmal mehrere Möglichkeiten.

Karina geht es heute nicht gut. Sie (1) ......*muss*...... im Bett bleiben, aber sie steht auf,

denn sie (2) .... arbeiten.

Im Büro gibt es viel Arbeit. Karina (3) .... telefonieren und E-Mails schreiben.

Sie (4) .... eine Besprechung vorbereiten. Aber sie (5) .... nicht

arbeiten. Sie ist so müde und (6) .... nur schlafen.

Der Chef sagt, Karina (7) .... zum Arzt gehen. Eine Kollegin (8) ....

die Arbeit machen.

Karina ruft den Arzt an. Sie (9) .... am Nachmittag in die Ordination kommen.

3 Der Körper

Wie heißt das auf Deutsch? Schreiben Sie die Wörter zum Bild. Schreiben Sie auch die Artikel.

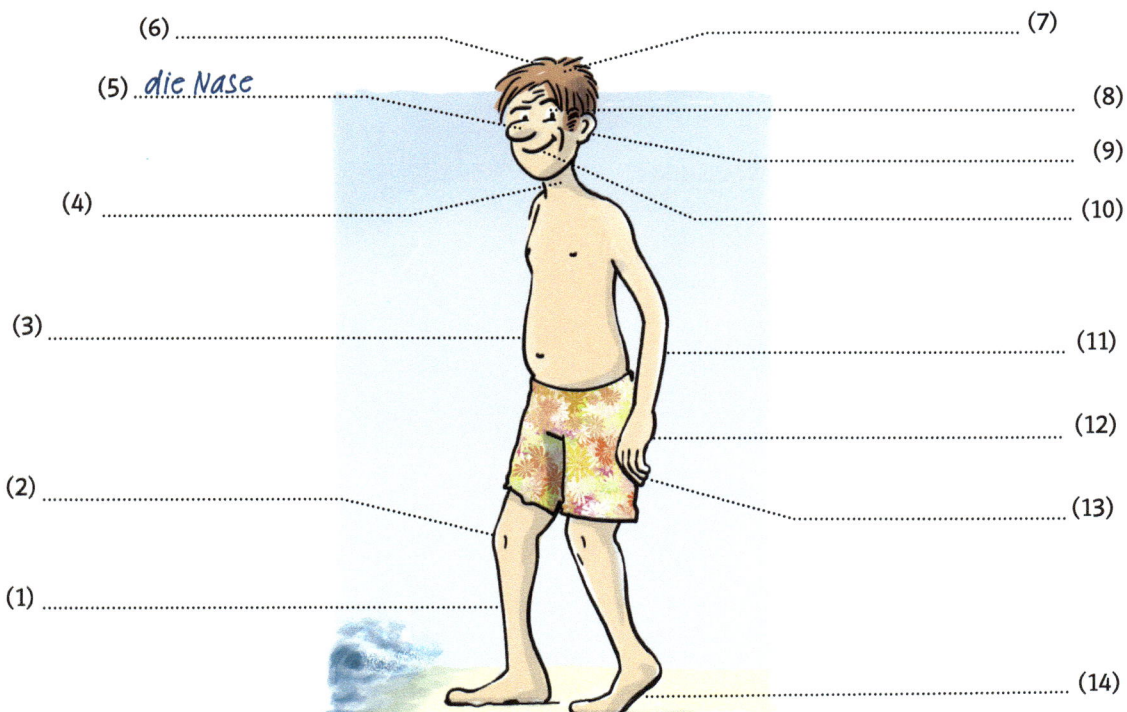

(6) .... (7)

(5) *die Nase* .... (8)

(9)

(4) .... (10)

(3) .... (11)

(12)

(2) .... (13)

(1) ....

(14)

der Kopf • der Arm • ~~die Nase~~ • der Fuß • der Mund • die Hand • der Hals •
der Finger • das Ohr • der Bauch • das Bein • die Haare • das Auge • das Knie

4 Ordination Dr. Breitner, guten Tag!

🎧 4.14–16 **a** Hören Sie die Dialoge. Notieren Sie das Problem und den Termin.

① **Frau Stein**	② **Herr Müller**	③ **Frau García**
Problem: *Bein tut weh*	Problem:	Problem: ....
....	....	....
Termin:	Termin:	Termin: ....
....	....	....

b Ordnen Sie 1–6 und a–f zu.

1. Was kann ich
2. Ich möchte
3. Haben Sie morgen
4. Am Mittwoch haben
5. Mir tut
6. Das ist

a) einen Termin frei?
b) wir geschlossen.
c) der Rücken weh.
d) für Sie tun?
e) zu spät.
f) einen Termin, bitte.

5 Beim Arzt

a Ergänzen Sie wie im Beispiel.

● Was ist los?
○ Mein *Hals tut weh.*
  Ich habe Hals-
  schmerzen.

● Willst du noch ein Eis?
○ Nein, mein ....
  ....
  Ich habe ....
  ....

● Was hast du denn?
○ Mein ....
  ....
  Ich habe ....
  ....

● Was hat er denn?
○ Sein ....
  ....
  Er hat ....
  ....

● Kommt deine Frau mit?
○ Nein, ihr ....
  ....
  Sie hat ....
  ....

● Hast du zu viel Musik gehört?
○ Meine ....
  ....
  Ich habe ....
  ....

b Ergänzen Sie den Dialog.

● Guten Tag. Was (1) ___fehlt___ Ihnen?

○ Ich weiß nicht. Ich glaube, ich bin krank.

● Haben Sie (2) _____?

○ Ja, ich habe (3) _____.

　Und ich habe Husten. Vielleicht habe ich auch Fieber.

● Hmm, warten Sie … Ja, Sie haben Fieber! (4) _____

　Sie bitte den Mund. Danke. Ihr (5) _____ ist sehr rot.

　Sie haben eine (6) _____. Ich gebe Ihnen

　ein (7) _____. Brauchen Sie eine Krankmeldung?

○ Für die Arbeit? Ja.

● Ich schreibe Sie eine Woche krank. Bleiben Sie (8) _____.

○ Ach ja, danke.

● Und kommen Sie am Montag bitte wieder.

○ Am Vormittag oder am (9) _____?

● Wie Sie wollen. Machen Sie bitte einen (10) _____ mit Frau Abdulawi. Gute Besserung.

○ Vielen Dank. Auf Wiedersehen!

Rezept　　Nachmittag

Schmerzen　　Öffnen

~~fehlt~~

Kopfschmerzen

Termin

Erkältung

Hals

zu Hause

6 In der Apotheke

a Was bekommen Sie in der Apotheke? Finden Sie sechs Nomen →.
Markieren Sie und schreiben Sie die Wörter mit Artikel.

H	U	S	T	E	N	B	O	N	B	O	N	R	N
I	T	A	S	C	H	E	N	T	Ü	C	H	E	R
B	U	M	E	G	G	U	M	O	P	P	E	N	E
H	U	S	T	E	N	S	A	F	T	A	R	S	E
W	A	U	C	I	J	O	C	K	E	L	L	E	N
A	N	L	H	E	N	B	Ä	E	M	Ü	E	P	Ü
E	N	N	A	S	E	N	T	R	O	P	F	E	N
T	A	B	L	E	T	T	E	N	T	Z	E	C	H
O	M	O	L	A	B	L	U	N	A	E	B	K	A
T	A	P	Ö	M	M	E	N	V	A	T	I	E	H
P	U	S	A	L	B	E	L	L	E	S	C	H	E

1. _das Hustenbonbon_

2. _____

3. _____

4. _____

5. _____

6. _____

b Ergänzen Sie wie im Beispiel.

1. am Morgen　　　_morgens_

2. am Vormittag　　_____

3. _____　nachmittags

4. am Abend　　　_____

5. in der Nacht　　_____

6. _____　montags

7. am Mittwoch　　_____

8. _____　sonntags

🎧 4.17   **c** Hören Sie. Welche Medikamente bekommt Frau Mariacher? Wie oft soll sie die Medikamente nehmen? Kreuzen Sie an.

	1x täglich	2x täglich	3x täglich
1. *Hustensaft*	☐	☐	☐
2.	☐	☐	☐
3.	☐	☐	☐
4.	☐	☐	☐

d Schreiben Sie Sätze: Was machen Sie ...

einmal täglich?   *Ich dusche einmal täglich. Ich esse einmal täglich warm.*

zweimal täglich?   ....

dreimal täglich?   ....

viermal täglich?   ....

ganz oft am Tag? ....

7 Bleiben Sie gesund!

🎧 4.18 – 20   **a** Was ist richtig? Hören Sie und kreuzen Sie an: ⓐ, ⓑ oder ⓒ. Sie hören jeden Text zweimal.

1. Wohin möchte Lisa gehen?

ⓐ Ins Fitnessstudio.   ⓑ In die Sporthalle.   ⓒ Ins Schwimmbad.

2. Wie lange hat die Sporthalle am Sonntag geöffnet?

ⓐ Bis 20 Uhr.   ⓑ Bis 22 Uhr.   ⓒ Bis 24 Uhr.

3. Wo gibt es Sportsachen?

ⓐ Im Erdgeschoß.   ⓑ Im 2. Stock.   ⓒ Im 3. Stock.

b Schreiben Sie Sätze mit *und*, *oder*, *aber*. Es gibt mehrere Möglichkeiten.

1. Die Sporthalle hat am Samstag bis 24 Uhr geöffnet		ins Schwimmbad?
2. Ich laufe gerne	und	Sportsachen kaufen.
3. Gehen wir am Freitag ins Fitnessstudio	oder	nicht am Freitag.
4. Ich muss noch eine Badehose	, aber	mache gerne Yoga.
5. Yoga ist am Montag und am Mittwoch		Volleyball spielen?
6. Möchtest du Tischtennis		am Sonntag nur bis 20 Uhr.

1. Die Sporthalle hat am Samstag bis 24 Uhr geöffnet, aber am Sonntag nur bis 20 Uhr.

8 Ömers Beruf

a Schreiben Sie einen Text über Ömer im Perfekt.

1992 nach Österreich kommen • im Kindergarten Deutsch lernen • Schule besuchen • ein Praktikum in einem Pflegeheim machen • drei Jahre lang eine Ausbildung als Krankenpfleger machen

Ömer ist 1992 nach Österreich gekommen. Er ist ...

♫ 4.21 **b** Aussprache: *r* und *l*

Hören Sie den Text und ergänzen Sie: *r* oder *l*? Sprechen Sie.

Ma_r_ia macht schon __ange ein P__aktikum in einer O__dination. Sie muss täg__ich An__ufe machen.

Manchma__ sch__eibt sie K__ankme__dungen.

Sie arbeitet vier Tage in der Woche. F__eitags hat sie f__ei.

LEICHTER LERNEN

RICHTIG SCHREIBEN: Wörter mit *mm*, *ss*, *tt*.

♫ 4.22 **a** Hören Sie. Markieren Sie _ lang oder . kurz.

Sommer	schwimmen
Wasser	Schlüssel
Bett	Mutter

> 😊 Nach kurzen Vokalen steht oft *mm*, *ss*, *tt* ...

♫ 4.23 **b** Ergänzen Sie *mm*, *ss*, *tt*. Hören Sie zur Kontrolle.

bi_ss_chen • Table_____e • i_____er • bi_____e • Adre_____e • Willko_____en! • kapu_____ •

e_____en • Pa_____ • Werksta_____ • ko_____en • Ru_____isch • Zi_____er • zusa_____en

Mein Deutsch nach Kapitel 13

Das kann ich:

über Krankheiten sprechen

Ergänzen Sie die Wörter.

tut weh   *krank*   *Fieber*

Ich bin .... Ich habe eine Erkältung und

.... Mein Hals ....

Aufforderungen ausdrücken

Was sollen Sie tun? Sprechen Sie.

> Gehen Sie zum Arzt.   Ich soll zum Arzt gehen. >

> Rufen Sie den Arzt an …

---

die Körperteile benennen

Schreiben Sie die Körperteile.

das Ohr, …

---

einen Arzttermin machen

Sprechen Sie.

- ● Ordination Dr. Salner, was kann ich für Sie tun?
- ○ Ich habe … Ich brauche …
- ● Haben Sie Fieber?
- ○ …
- ● Dann kommen Sie gleich.

---

ein Gespräch mit dem Arzt führen

Antworten Sie.

- ● Was fehlt Ihnen denn?
- ○ Ich habe …
- ● Haben Sie auch Fieber?
- ○ …
- ● Ich gebe Ihnen ein Rezept. Arbeiten Sie?
- ○ …
- ● Ich schreibe Sie krank.

---

ein Einkaufsgespräch in der Apotheke führen

Wie oft sollen Sie die … nehmen? Sprechen Sie.

a) Tabletten: 3x2

> Wie oft soll ich … nehmen?

b) Ohrentropfen: 2x3

> Dreimal … >

c) Hustensaft: 3x1 Esslöffel

www →A1/K13

Das kenne ich:

(G)

Modalverb *sollen*

	Position 2		Ende
Luka	*soll*	heute nicht	*arbeiten* .
Er	*soll*	zum Arzt	*gehen* .

ich	soll	wir	sollen
du	sollst	ihr	sollt
er/es/sie	soll	sie/Sie	sollen

und, oder, aber

		Konnektor	
Wir können	am Samstag	und	Sonntag trainieren.
Magst du	Yoga	oder	Fitness?
Ich habe	Lust,	aber	leider keine Zeit.

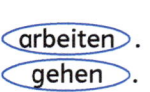

Was kann ich für Sie tun?

Grüße aus Graz!

1 Vier Szenen im Hotel

a Sehen Sie die Bilder an. Überlegen Sie: Wer sagt was?

🎧 4.24–27 **b** Hören Sie die Dialoge. Ordnen Sie 1–8 den Fotos A–D zu.

1. ● Kommt denn mein Essen bald? Ich warte schon 40 Minuten.

2. ● Frau Steiner, können Sie morgen von 16 bis 24 Uhr arbeiten? Frau Rieder ist krank.

3. ● Bernsteiner, Zimmer 218. Mein Zimmer ist am Aufzug. Es ist sehr laut.

4. ● Haben Sie ein Doppelzimmer mit Frühstück reserviert?

5. ○ Ich habe noch ein Zimmer im 8. Stock. Das ist sehr ruhig.

6. ○ Entschuldigen Sie, wir hatten ein Problem in der Küche.

7. ○ Nein, ein Einzelzimmer ohne Frühstück.

8. ○ Ich muss meinen Mann fragen. Unsere Tochter ist auch krank.

c Restaurant, Hotel, Service – Was kennen Sie schon? Sammeln Sie an der Tafel.

das Zimmer • das Bett • das Gepäck • der Koffer • W-Lan • die Halbpension • übernachten • …

Lernziele

Sprechen über Aufgaben im Alltag sprechen; Dialoge im Hotel; biografische Informationen geben |
Hören: Dialoge im Hotel; Interviews zur beruflichen Situation | **Schreiben** biografische Notizen;
Informationen per E-Mail erbitten | **Lesen** Kurzbiografien; Anzeigen | **Beruf** Tätigkeiten im Hotel

215

2 Vera Radevs Arbeitsalltag

a Lesen Sie das E-Mail. Was ist das Problem?

> **EILIG!!!**
> Sehr geehrte Frau Radev,
>
> ich habe vor einer Woche für Herrn Eckert ein Zimmer reserviert. Hier mein E-Mail:
> > *Anreise: 18. Mai*
> > *Abreise: 21. Mai*
> > *Einzelzimmer ohne Frühstück*
> > *ruhiges Zimmer mit Internet*
> Leider habe ich keine Antwort bekommen. Bitte antworten Sie heute noch.
>
> Mit freundlichen Grüßen
> Eleni Dumitru

🎧 4.28–29 **b** Hören Sie die zwei Telefongespräche. Welches Gespräch passt zu dem E-Mail?

🎧 4.28–29 **c** Hören Sie die Gespräche noch einmal. Kreuzen Sie an: ⓐ, ⓑ oder ⓒ.

Telefongespräch 1

1. Hat Herr Eckert ein Hotelzimmer in Graz?
   - ⓐ Ja, aber ohne Internet.
   - ⓑ Es ist nicht sicher.
   - ⓒ Ja, es ist alles o.k.

2. Was macht Frau Dumitru?
   - ⓐ Sie schreibt eine SMS.
   - ⓑ Sie reserviert das Zimmer.
   - ⓒ Sie sucht ein anderes Hotel.

Telefongespräch 2

1. Welches Problem hat Herr Eckert?
   - ⓐ Er hat keine Fahrkarte.
   - ⓑ Er möchte die Telefonnummer vom Hotel.
   - ⓒ Er braucht die Hoteladresse.

2. Wie heißt die Straße vom Hotel?
   - ⓐ Grieskai.
   - ⓑ Bahnhofstraße.
   - ⓒ Am Fluss.

d Lesen Sie die To-Do-Liste. Sprechen Sie:
Was hat Frau Radev heute schon gemacht?
Was hat sie noch nicht gemacht?
Was muss sie noch machen?

> Frau Radev hat schon …

> Sie hat noch nicht …   > Sie muss noch …

> √ Penta GmbH anrufen, Reservierung Herr Eckert
> √ Techniker anrufen, Dusche und Licht Zimmer 215!
> Prospekte bestellen
> √ Zimmer 215 – 220 kontrollieren
> Rechnung vom Techniker bezahlen
> Achtung !! Patronen für Drucker bestellen
> Reisebüro COMTOURS anrufen
> Speisekarten drucken

UND SIE?

Was haben Sie heute schon gemacht? Was müssen Sie noch machen?
Schreiben Sie Ihre To-Do-Liste und sprechen Sie.

Das habe ich schon gemacht:
1. die Küche putzen
2. einen Kuchen backen
3. zu Hause anrufen

Das muss ich noch machen:
1. Hausübungen machen
2. Öl, Birnen und Salz einkaufen
3. die Waschmaschine ausschalten

> Ich habe schon die Küche geputzt.

> Ich muss noch Öl, Birnen und Salz einkaufen.

3 Situationen im Hotel

4.30 **a** **Ergänzen Sie den Dialog. Hören Sie zur Kontrolle.**

a) Ihr Name
b) das Formular hier aus
c) habe ein Zimmer reserviert
d) ein Zimmer für Sie
e) ohne Frühstück

● Guten Tag. Ich ....

○ Wie ist .... ?

● Eckert, Josef Eckert.

○ Ja, Herr Eckert, wir haben telefoniert. Sie haben ein Doppelzimmer für zwei Nächte mit Frühstück.

● Nein, ein Einzelzimmer ....

○ Oh, einen Moment. Kein Problem, Herr Eckert, wir haben ....

Füllen Sie bitte noch ....

b **Üben Sie den Dialog zu zweit.**

4.31–36 **c** **Lesen und hören Sie. Welche Reaktion ist höflich? Kreuzen Sie an.**

Sie arbeiten im Hotel.

Dialog 1
ⓐ Einen Moment, bitte.
   Ich mache das sofort.
ⓑ Warten Sie einen Moment.
   Ich habe jetzt keine Zeit.

Dialog 2
ⓐ O.k., der Techniker schaut
   morgen nach.
ⓑ Der Techniker ist leider nicht da,
   aber ich kann Ihnen ein anderes
   Zimmer geben.

Dialog 3
ⓐ Einen Moment, bitte.
   Ich frage meine Kollegin.
ⓑ Das weiß ich nicht.

Sie sind Gast.

Dialog 1
ⓐ Pizza Margherita und Bier.
ⓑ Ich hätte gerne eine Pizza
   Margherita und ein Bier.

Dialog 2
ⓐ Die Pommes und das Gemüse
   waren leider ein bisschen zu kalt.
ⓑ Nein, die Pommes und das
   Gemüse waren kalt.

Dialog 3
ⓐ Kommen Sie später.
ⓑ Warten Sie bitte einen
   Moment. Ich mache gleich auf.

d **Spielen Sie die Dialoge. Achten Sie auf die Intonation.**

4.37 **e** **Aussprache: *st* und *sp* – Hören Sie die Nachricht. Achten Sie auf die markierten Laute.**

Hallo, Stefan, hier ist Vera. Ich möchte mit dir sprechen, aber du bist nie da. Wie geht es dir in Spanien?
Kannst du die Sprache schon gut? Magst du dein Studium? Mein Arbeitsplatz ist interessant. Die Stelle
ist gut. Die Arbeit macht Spaß, aber der Arbeitstag ist oft sehr lang. Ich rufe später noch mal an.
Bis bald!

sp, st wird „schp", „scht"	**sp/st bleibt „sp"/„st"**
am Wortanfang: **Sp**iel, **St**ation	am Wortende: i**st**, mag**st**
am Silbenanfang: ver|**st**e|hen, aus|**spr**e|chen	zwei Wörter: Arbeit|**s**|tag, Arbeit|**s**|platz

😊

4.38 **f** **Hören Sie und sprechen Sie nach.**

1. Ich spreche später mit Stefan. 2. Magst du deinen Arbeitsplatz? 3. Die Stelle macht Stefanie Spaß.
4. Endlich Sport nach einem Arbeitstag mit acht Stunden.

4 Zwei Arbeitsplätze im Hotel

a Lesen Sie die Texte schnell. Ordnen Sie die Stichworte zu: Vera oder Diego.

Informatiker/in • Hotelkaufmann/-frau • Bulgarien • Spanien • Kind • Onkel

> Bulgarien passt zu Vera. Sie kommt aus Bulgarien.

Mein Name ist Vera Radev. Ich komme aus Bulgarien und bin vor vier Jahren nach Graz umgezogen. Ich bin Hotelkauffrau von Beruf, aber zu Hause habe ich keine Arbeit gefunden.

Ich arbeite jetzt seit zwei Jahren im Hotel Wiesler. Zuerst habe ich in einem anderen Hotel im Zimmerservice gearbeitet. Die Arbeit war gut, aber sehr anstrengend. Seit zwei Jahren arbeite ich jetzt hier an der Rezeption. Ich mag meine Arbeit, denn sie ist interessant. Ich muss die Gäste einchecken, Taxis rufen, Informationen geben, Restaurants empfehlen usw.

Die Arbeitszeiten sind ein Problem, denn manchmal muss ich nachts arbeiten. Ich habe einen Sohn. Er ist 3 Jahre alt. Vor einem Monat habe ich endlich einen Kindergartenplatz bekommen. Das ist gut!

Ich heiße Diego Serrat und bin Spanier. Ich bin 28 Jahre alt und habe in Saragossa Informatik studiert. Vor zwei Jahren habe ich meinen Onkel in Graz besucht. Er hat hier ein Restaurant. Da habe ich Emma getroffen. Ich habe mich total verliebt und bin geblieben. Zuerst habe ich als Kellner gearbeitet. Seit acht Monaten arbeite ich im Hotel Wiesler als Hausmeister. Die Arbeit ist interessant, denn ich muss viele verschiedene Probleme lösen. Manchmal helfe ich auch bei Problemen mit dem Internet oder mit den Computern im Business-center. Aber ich möchte gerne in einer Softwarefirma arbeiten, denn das habe ich ja studiert. Letzte Woche habe ich eine Stelle im Internet gesehen, sie ist ideal für mich ... Vielleicht habe ich Glück?

b Lesen Sie das Beispiel und suchen Sie weitere Sätze mit *denn* in den Texten.

(G)

Verbindung mit *denn*

Warum?

Ich (mag) meine Arbeit.   Sie (ist) interessant.

Ich (mag) meine Arbeit,   denn   sie (ist) interessant.

c Lesen Sie genau und machen Sie Notizen zu den Fragen. Geben Sie dann Ihrem Partner / Ihrer Partnerin Informationen zu Ihrer Person. Wählen Sie.

Text A: Vera ◀ oder ▶ Text B: Diego

> Diego kommt aus Spanien. Er ist ...

Text A
Woher kommt Vera?
Was ist Vera von Beruf?
Wie lange ist sie schon in Graz?
Was arbeitet sie?
Warum mag sie ihre Arbeit?
Hat sie eine Familie?

Text B
Woher kommt Diego?
Was ist Diego von Beruf?
Was macht er im Moment?
Warum mag er seine Arbeit?
Was sind seine Pläne?
Warum sucht er eine andere Stelle?

5 Vor einem Jahr …

a Suchen Sie *vor* und *seit* in den Texten aus Aufgabe 4 und ergänzen Sie die Tabelle.

Ⓖ

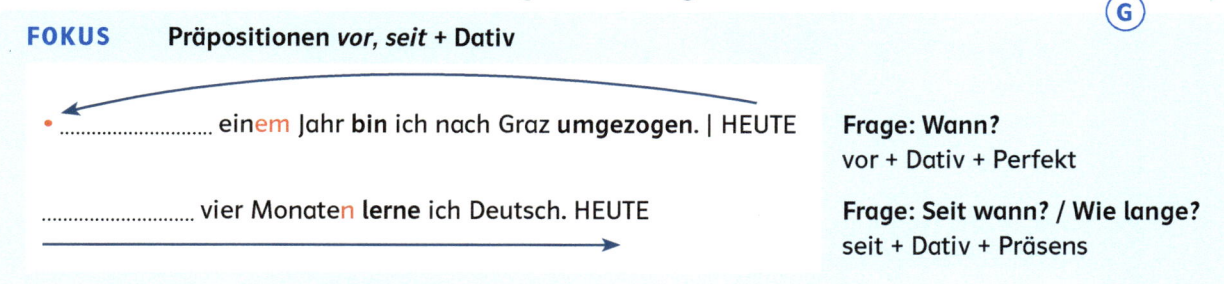

> **FOKUS**   Präpositionen *vor, seit* + Dativ
>
> • .... ein**em** Jahr **bin** ich nach Graz **umgezogen**. | HEUTE   **Frage: Wann?**
> vor + Dativ + Perfekt
>
> .... vier Monate**n lerne** ich Deutsch. HEUTE   **Frage: Seit wann? / Wie lange?**
> seit + Dativ + Präsens

b Schreiben Sie Sätze mit *vor* und *seit*.

… ein**em** Jahr
nach Österreich
kommen

… 3 Monaten
arbeiten

… 2 Jahren
die Schule beenden

… ein**em** Jahr
Informatik studieren

… ein**er** Woche
Deutschkurs
beginnen

… ein**er** Woche
Deutsch lernen

… 3 Monaten
eine Wohnung
suchen

… vier Wochen
in der Albertstraße
wohnen

Vor einem Jahr ist er nach Österreich gekommen. Seit drei Monaten arbeitet er.

c Sprechen Sie: A beginnt den Satz und B beendet ihn.

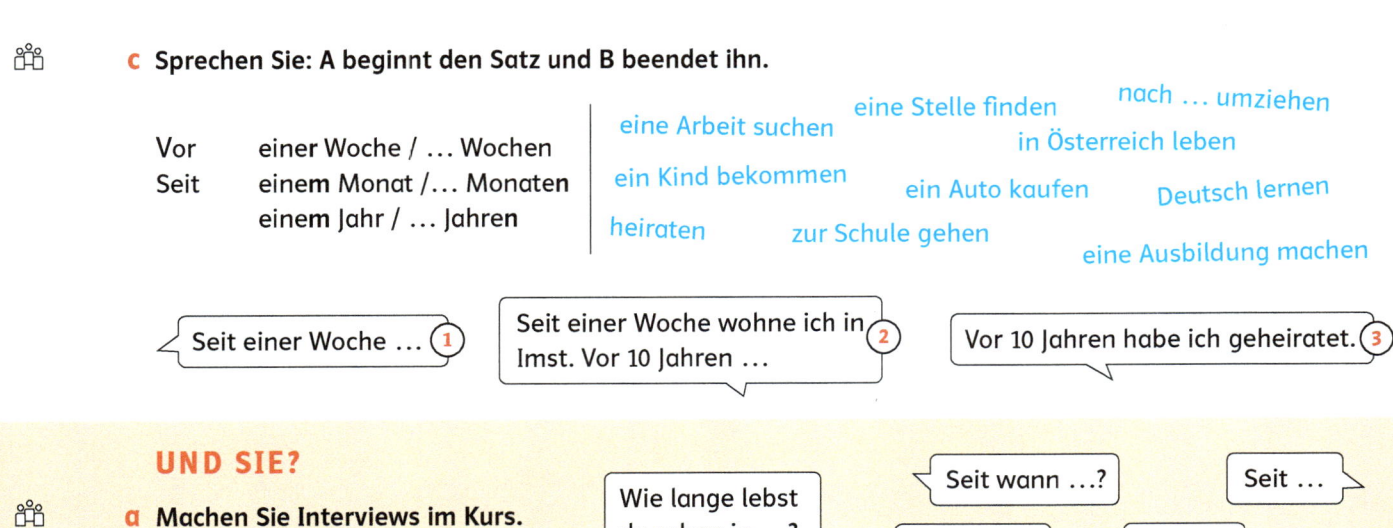

Vor	ein**er** Woche / … Wochen
Seit	ein**em** Monat / … Monate**n**
	ein**em** Jahr / … Jahren

eine Arbeit suchen   eine Stelle finden   nach … umziehen
in Österreich leben
ein Kind bekommen   ein Auto kaufen   Deutsch lernen
heiraten   zur Schule gehen   eine Ausbildung machen

> Seit einer Woche … ①

> Seit einer Woche wohne ich in Imst. Vor 10 Jahren … ②

> Vor 10 Jahren habe ich geheiratet. ③

UND SIE?

a Machen Sie Interviews im Kurs.

> Wie lange lebst du schon in …?

> Seit wann …?

> Seit …

> Wann …?

> Vor …

b Schreiben Sie Notizen über einen Partner / eine Partnerin. Sammeln Sie die Notizen ein. Lesen Sie die Notizen ohne Namen vor. Die anderen raten: Wer ist das?

> *Meine Person kommt aus … und lebt seit einem Jahr in … Vor …*

6 Eine neue Stelle

a Lesen Sie die Anzeigen schnell. Welche Anzeigen sind Stellenanzeigen?

A

BRAX HOTEL

Bürocenter und Konferenzräume
Doppelzimmer ab 80 €, Frühstück inklusive
Mit der S-Bahn nur 5 Minuten zum Flughafen
Reservieren Sie schon heute!
E-Mail: reservierung@braxbusinesshotels.at
www.braxbusinesshotels.at

B

Hotel-Restaurant Blumenau
Wir suchen
Mitarbeiter/in für die Rezeption.
Sie brauchen: Englischkenntnisse (B1/B2)
Arbeitszeiten Mo.–Fr. 14–22 Uhr
Rufen Sie uns an. Tel. +414367100
Mehr Informationen auch unter:
www.hotelblumenau.ch

C

Softel Wien GmbH
Wir schreiben Software für Hotels und Restaurants.
Unsere Kunden sind in Österreich, Deutschland und der Schweiz.
Wir suchen: Spezialisten für Software im Bereich Service.
Wir bieten: flexible Arbeit im Team und faire Bezahlung
Bewerbungen bitte unter: www.softel.com/stellen

D

K-Hotels International
Wir haben Hotels in 27 Ländern.
Wir suchen Spezialisten für
BUCHUNGSSOFTWARE
Arbeitsort: Villach
Interessiert? Mehr Infos unter:
www.k-hotels.com/stellen

E

Hotel Hofmeyer
Arbeiten Sie gerne nachts? Wir suchen
einen Nachtportier für die Zeit vom 15. Juni
bis zum 15. September.
Wir bieten: Bezahlung über Tarif und eine
angenehme Arbeitsatmosphäre
Bewerbungen mit Lebenslauf und Zeugnissen bis
zum 1.6. bitte nur per E-Mail an: jobs@hofmeyer.at

F

Ein Traum wartet auf Sie!
Hotel Stegerhof
60 Zimmer mit Seeblick, ab € 80.
Frühstücksbuffet täglich bis 11 Uhr
Swimmingpool, Bistro, Bar, Restaurant.
Im Herbst günstige Angebote!
Mehr Informationen unter
www.stegerhof.com

b Diego ist Informatiker. Welche Anzeigen passen gut?

c Lesen Sie noch einmal. Welche Anzeige passt zu 1–4?

1. .... Sie suchen ein Hotel am See.
2. .... Sie organisieren eine Konferenz.
3. .... Sie suchen eine Stelle für drei Monate.
4. .... Sie suchen eine Stelle und sprechen gut Englisch.

d Informationen erbitten – Schreiben Sie ein E-Mail. Die Textteile 1–6 helfen Ihnen. Wählen Sie.

Fragen Sie nach Informationen zur Stelle bei K-Hotels.  Erbitten Sie ein Angebot beim Hotel Brax.

1
Sehr geehrte Damen und Herren,
wir möchten in Ihrem Haus ein
Treffen organisieren.

2
Ich bin Elektriker und lebe in
Wien. Die Stelle finde ich sehr
interessant. Ich habe schon
nachts gearbeitet.

3
Meine Frage: Welche
Zeugnisse brauchen Sie?
Mit freundlichen Grüßen
Dirk Kunzmann

4
Sehr geehrte Damen und Herren,
ich habe Ihre Stellenanzeige gelesen.

5
Bitte schicken Sie ein Angebot.
Mit freundlichen Grüßen
Eleni Dumitru

6
Beginn: 23.5., 9 Uhr
Ende: 25.5., 16 Uhr
Wir brauchen 10 Einzelzimmer
und einen Tagungsraum.

e Diktieren Sie Ihr E-Mail einem  Schreiben Sie ein eigenes E-Mail
Partner / einer Partnerin. zu einer Anzeige in 6a.

7 Ein Radiointerview

14

🎧 4.39–40 **a** **Hören Sie. Wie haben Vera und Diego ihre Arbeit gefunden? Kreuzen Sie an.**

- ⬜ Anzeige
- ⬜ Internet
- ⬜ Freunde

- ⬜ Anzeige
- ⬜ Internet
- ⬜ Freunde

🎧 4.39–40 **b** **Hören Sie noch einmal und kreuzen Sie an: richtig oder falsch?**

	R	F
1. Vera arbeitet gerne im Hotel Wiesler.	⬜	⬜
2. Die Gäste kommen alle aus Österreich.	⬜	⬜
3. Eine Freundin von Vera arbeitet auch im Hotel Wiesler.	⬜	⬜
4. Diego repariert im Hotel Lampen, Fenster und Türen.	⬜	⬜
5. Er mag seine Kollegen.	⬜	⬜
6. Ab September arbeitet er bei einer Softwarefirma.	⬜	⬜

c **Wählen Sie Fragen aus. Fragen Sie im Kurs und machen Sie Notizen.**

Was bist du von Beruf?	Ich bin …
Was möchtest du gerne arbeiten?	Ich möchte gerne als … arbeiten.
Wo hast du schon gearbeitet?	Ich habe schon als … und … gearbeitet.
Arbeitest du im Moment?	Ja, ich arbeite als … / Nein, im Moment nicht.
Wo arbeitest du?	Ich arbeite in … / Ich arbeite bei …
Wie suchst du eine Arbeit?	Ich lese … / suche … / frage …
Wie hast du die Stelle gefunden?	Ich habe im Internet / in der Zeitung / … gesucht.
Seit wann arbeitest du dort?	Seit … Wochen/Monaten/…
Magst du deine Arbeit?	Ich finde die Arbeit gut / nicht so gut.
	Die Arbeit ist gut, aber …

d **Berichten Sie im Kurs.**

> Amani ist Mechaniker. Er hat schon als Hausmeister gearbeitet. Jetzt arbeitet er …

⊚ K14

VORHANG AUF

Spielen Sie eine oder mehrere Szenen. Sie sind Gast (A) oder Rezeptionist/in (B).

A hat ein Zimmer reserviert. Aber es gibt nur ein Zimmer ohne Internet. B hat einen Vorschlag.

A war Gast im Hotel „Renz" und hat sein Tablet dort vergessen. A ruft das Hotel an. B reagiert.

ÜBUNGEN

1 Szenen im Hotel

a Schreiben Sie die Nomen mit Artikel zu den Fotos.

Zimmer   Information   Bad   Lampe   Kellnerin   Toilette

Bett

Speisekarte   ~~der Gast~~   Dusche   Rezeption   Anmeldeformular

der Gast ....

die ....

....

🎧 4.41–43 **b** Im Hotel – Hören Sie. Was ist richtig? Kreuzen Sie an: ⓐ, ⓑ oder ⓒ.

Dialog 1	**Dialog 2**	**Dialog 3**
Was möchte der Gast?	Was kann Frau Fellinger nicht?	Was ist das Problem von Frau Ebner?
Er will bezahlen. ⓐ	Am Montagabend arbeiten. ⓐ	Das Zimmer ist laut. ⓐ
Er mag das Essen nicht. ⓑ	Am Wochenende arbeiten. ⓑ	Die Dusche ist kaputt. ⓑ
Er möchte bestellen. ⓒ	Ihre Tochter abholen. ⓒ	Sie mag das Frühstück nicht. ⓒ

2 Veras Arbeitsalltag

a Ergänzen Sie das E-Mail.

Internet   21. Juni   Mit freundlichen Grüßen   ~~Sehr geehrte~~   Reservierung   Einzelzimmer

Sehr geehrte .... Frau Dumitru,

danke für das Telefongespräch. Ich schicke Ihnen hier die Daten für

Ihre ....

Anreise: 18. Juni

Abreise: ....

.... ohne Frühstück.

Für das Problem mit dem .... finden wir noch

eine Lösung.

....

Vera Radev

b Was passt nicht? Streichen Sie durch.

1. ein Zimmer kontrollieren • reservieren • ~~anrufen~~

2. den Techniker einkaufen • anrufen • holen

3. ein Hotel finden • anrufen • einkaufen

4. ein E-Mail schreiben • reservieren • suchen

5. eine Fahrkarte kaufen • bestellen • fragen

6. eine Rechnung bezahlen • reservieren • kontrollieren

7. Essen fragen • bestellen • machen

8. Servietten einkaufen • bestellen • helfen

c Alles schon gemacht – Schreiben Sie die Sätze im Perfekt.

– ich: Birnen, Öl und Salz einkaufen
– Nick: Fahrrad reparieren
– Pauline: Hausübungen machen
– ich: Paulines Hausübungen kontrollieren
– Nick und Pauline: Oma anrufen
– ich: Geburtstagsgeschenk für Oma kaufen
– alle: Emily schreiben

1. _Ich habe schon Birnen, Öl und Salz eingekauft._
2. _Nick_
3.
4.
5.
6.
7.

d Veras Woche – Sehen Sie den Kalender an und schreiben Sie die Sätze 1–9.

24 Montag	**25** Dienstag	**26** Mittwoch	**27** Donnerstag	**28** Freitag	**29** Samstag	**30** Sonntag
20 Uhr Kinder-garten	20:30 Uhr Kino	Keine Pause! 16 Uhr Arzt	Arbeit bis 23 Uhr	ausschlafen! Geburtstag Mama	Radtour mit Tina	Kuchen backen für Sandro

1. Am Montag / Vera / um 20 Uhr in den Kindergarten / fahren / müssen / .
2. Am Dienstag / sie / um 20:30 Uhr ins Kino / gehen / wollen / .
3. Am Mittwoch / sie / keine Pause / machen / dürfen / .
4. Sie / um 16 Uhr zum Arzt / gehen / müssen / .
5. Am Donnerstag / Vera / bis 23 Uhr arbeiten / müssen / .
6. Am Freitag / Vera / ausschlafen / können / .
7. Am Freitag / sie / ihre Mutter / anrufen und ihr zum Geburtstag gratulieren / wollen / .
8. Am Samstag / sie / eine Radtour mit Tina / machen / wollen / .
9. Am Sonntag / sie / einen Kuchen für ihren Sohn / backen / wollen / .

Am Montag muss Vera um 20 Uhr in den Kindergarten fahren.

3 Situationen im Hotel

🎧 4.44–45 **a** Ordnen Sie die Dialoge und hören Sie zur Kontrolle.

Dialog 1

- ⚫ 〔c〕
- ○ Ja, Herr Bernsteiner, wie kann ich Ihnen helfen?
- ⚫ 〔 〕
- ○ Sie haben Zimmer 218?
- ⚫ 〔 〕
- ○ Einen Moment, ich sehe mal nach …
  Ja, Zimmer 301 ist ab heute Mittag frei. Möchten
  Sie dann umziehen? Das Zimmer ist sehr ruhig.
- ⚫ 〔 〕
- ○ Kommen Sie um 13 Uhr an die Rezeption.
  Meine Kollegin gibt Ihnen dann den Schlüssel.

a) Gerne. Wann kann ich den Schlüssel bekommen?
b) Hören Sie, mein Zimmer ist sehr laut.
c) Bernsteiner, guten Morgen. Entschuldigung,
   spreche ich mit der Rezeption?
d) Ja, Zimmer 218. Das ist am Aufzug und der ist
   sehr laut. Haben Sie noch ein anderes Zimmer?

Dialog 2

- ⚫ Entschuldigen Sie, wir möchten das
  Stadt-Museum besuchen. Wie weit ist das?
- ○ 〔 〕
- ⚫ Wir möchten aber zu Fuß gehen.
- ○ 〔 〕
- ⚫ O.k., also hier rechts, dann geradeaus und
  dann an der Kreuzung links …
- ○ 〔 〕
- ⚫ Vielen Dank!
- ◑ Vielen Dank! Komm Robert, das finden
  wir schon.

a) Nein, an der Kreuzung rechts.
b) Mit dem Bus sind es vier Stationen.
c) Zu Fuß sind es 15 Minuten. Sie gehen hier aus
   dem Hotel und gleich rechts, dann geradeaus.
   Dann kommt eine Kreuzung. Da rechts und
   dann immer geradeaus. Nach 10 Minuten sind
   Sie am Rathausplatz. Da ist das Stadt-Museum.

 Hilfe? – Hören Sie zuerst und ordnen Sie dann.

🎧 4.46 **b** Hören Sie. Welche Reaktion passt: 〔a〕, 〔b〕 oder 〔c〕?

1.
- 〔a〕 Ja, wie ist Ihr Name,
  bitte?
- 〔b〕 Wir haben leider
  kein Zimmer frei.
- 〔c〕 Unser W-LAN geht
  leider nicht.

2.
- 〔a〕 Frühstück gibt es
  ab 8 Uhr.
- 〔b〕 Unser Hotel ist im
  Zentrum.
- 〔c〕 Von wann bis wann?

3.
- 〔a〕 Nehmen Sie den Bus
  oder gehen Sie zu Fuß?
- 〔b〕 Kommen Sie mit dem
  Auto?
- 〔c〕 Das Hotel schließt
  um 24 Uhr.

4.
- 〔a〕 Nein, tut mir leid, wir
  haben kein Internet.
- 〔b〕 Natürlich, das mache
  ich gerne.
- 〔c〕 Die Hoteladresse ist
  Bahnhofstraße 3.

🎵 4.47 **c** Aussprache: *sp* und *st*
Hören Sie und sprechen Sie nach.

sprechen • später • Spanien • Spaß • spazieren gehen
Stelle • stehen • Stefan • Studium • anstrengend
ist • bist • magst • kannst • Arbeitsplatz • Arbeitstag • Geburtstag

> Wir sprechen später über seine Stelle.

> Magst du deinen Arbeitsplatz?

> Möchtest du später spazieren gehen oder Schach spielen?

4 Zwei Arbeitsplätze im Hotel

a Welches Verb passt?

1. arbeiten   sein   mögen   ~~finden~~

a) Arbeit *finden* ....

b) Hotelkauffrau von Beruf ....

c) die Arbeit gerne ....

d) nachts ....

2. studieren   arbeiten   suchen   lösen

a) Informatik ....

b) als Bedienung ....

c) Probleme ....

d) eine andere Stelle ....

b Ordnen Sie zu und schreiben Sie Sätze mit *denn*.

1. Vera arbeitet in Österreich.

2. Vera mag ihre Arbeit.

3. Die Arbeitszeiten sind ein Problem.

4. Diego lernt viel bei der Arbeit.

5. Diego möchte gerne in einer Softwarefirma arbeiten.

...... a) Manchmal muss Vera nachts arbeiten.

...... b) Er muss viele Probleme lösen.

1 c) Sie hat zu Hause keine Arbeit gefunden.

...... d) Er hat Informatik studiert.

...... e) Die Arbeit ist interessant.

Vera arbeitet in Österreich, denn sie hat zu Hause keine Arbeit gefunden.

c Ergänzen Sie *und*, *oder*, *aber*, *denn*. Es gibt manchmal mehrere Möglichkeiten.

1. Vera kommt aus Bulgarien *und* lebt seit vier Jahren in Graz.

2. Sie ist Hotelkauffrau von Beruf, ... in Bulgarien hat sie keine Arbeit gefunden.

3. Die Arbeit als Hotelkauffrau war gut, ... auch anstrengend.

4. Vera arbeitet nicht gern nachts, ... ihr Sohn ist sehr klein.

5. Diego hat Emma kennengelernt .... ist in Graz geblieben.

6. Diego hilft bei Problemen mit dem Computer .... mit dem Internet.

5 Vor einem Jahr ...

a Schreiben Sie Sätze mit *vor* und *seit* in der Ich-Form wie im Beispiel.

1. drei Jahre   nach Krems kommen / in Krems leben
2. zwei Jahre   Deutschkurs beginnen / Deutsch lernen
3. fünf Monate   Ausbildung beenden / als Hotelkauffrau arbeiten
4. drei Wochen   Lina zum ersten Mal treffen / verliebt sein

1. Vor drei Jahren bin ich nach Krems gekommen. Seit drei Jahren lebe ich in Krems.

b Ergänzen Sie die Präpositionen.

Am   im   ~~seit~~   Vor   Seit

Mein Name ist Juan Fernández. Ich komme aus Venezuela und lebe jetzt ... *seit* ... zehn Monaten in

Österreich, in Wien. Ich bin .... Dezember nach Österreich gekommen, da war es hier sehr

dunkel und kalt. .... ersten März, also drei Monate später, habe ich einen Deutschkurs angefangen.

Im Kurs habe ich viele Freunde gefunden. .... drei Monaten mache ich auch eine Ausbildung als

Bäcker. Das macht viel Spaß und ich verdiene Geld. .... einem Monat habe ich ein Auto gekauft.

6 Eine neue Stelle

a Ergänzen Sie die Anzeigen.

~~arbeiten~~   Arbeitsort   Bewerbungen   bieten   bis zum   Bezahlung
günstig   suchen   Urlaub   Zimmer   täglich

Ⓐ

Hotel ILTIS

Arbeiten Sie gerne im
Hotel? Wir suchen
für die Zeit vom 15. Juni
.... 15. September
eine/n Elektriker/in.
Arbeitsort: Leoben
Wir ....:
Bezahlung über Tarif und eine
angenehme Arbeitsatmosphäre.
.... bis zum
01. Mai bitte an: jobs@iltis.com

Ⓑ

MARS Hotel

Wir haben Hotels in ganz
Europa. Wir ....
Spezialisten für
BUCHUNGSSOFTWARE.
........................: Zürich
Wir bieten: sehr gute
.... und
eine angenehme Arbeits-
atmosphäre.
Interessiert? Infos unter:
www.marshotels.com/stellen

Ⓒ

.... im Süden

Hotel Stegerhof
60 .... mit
Seeblick, ab € 80.
Frühstück ....
bis 11 Uhr
Swimmingpool, Bistro, Bar,
Restaurant
Im Oktober und November sind
die Zimmer besonders
....
www.stegerhof.com

b Pia Pichler will eine Bewerbung schreiben. Ordnen Sie die Sätze und schreiben Sie das E-Mail.

.... Pia Pichler

.... Die Stelle ist ideal für mich, denn ab Winter möchte ich in Leoben studieren. Im E-Mail finden Sie
meinen Lebenslauf und meine Zeugnisse.

.... ich habe Ihre Anzeige im Internet gelesen. Ich habe Interesse an der Stelle, denn ich habe jetzt im
Oktober meine Ausbildung als Elektrikerin beendet.

.... Mit freundlichen Grüßen

_1_ Sehr geehrte Damen und Herren,

Sehr geehrte Damen und Herren, ...
....
....
....
....

c Zu welcher Anzeige in 6a passt das E-Mail?

7 Ein Radiointerview

🎧 4.48   **a** Hören Sie das Interview. Kreuzen Sie an: richtig oder falsch?

	R	F
1. Frau Steiner hat früher als Köchin gearbeitet.	☒	☐
2. Seit fünf Jahren arbeitet sie im Hotel an der Rezeption.	☐	☐
3. Sie mag die Arbeit.	☐	☐
4. Sie sucht eine neue Stelle.	☐	☐

b Schreiben Sie die Fragen zu den markierten Informationen in den Antworten.

Ⓐ Annika

1. *Was sind Sie von Beruf?* .... Ich bin **Verkäuferin**.

2. .... Ich arbeite **bei P&Ü**.

3. .... **Ja, die Arbeit macht Spaß.**

4. .... **Seit drei Jahren.**

Ⓑ Spyros

1. .... Ich komme **aus Griechenland**.

2. .... Ich lebe **seit drei Jahren** in Salzburg.

3. .... Ich bin **Ingenieur**.

4. .... Ich **arbeite bei Austria Motors**.

Mögen Sie Ihre Arbeit? • Wo arbeiten Sie? • Wie lange arbeiten Sie schon dort? • Woher kommen Sie? • ~~Was sind Sie von Beruf?~~ • Wie lange leben Sie schon in Salzburg? • Was sind Sie von Beruf? • Wo arbeiten Sie?

LEICHTER LERNEN

Deutsch verstehen – drei Tipps 😊

Sehen Sie Sendungen und Videoclips mit vielen Dialogen und vielen Wiederholungen an (Serien, Soaps).

Welche Filme kennen Sie? Sehen Sie diese Filme auf Deutsch an. Sehen Sie Filme mit Untertitel auf Deutsch an.

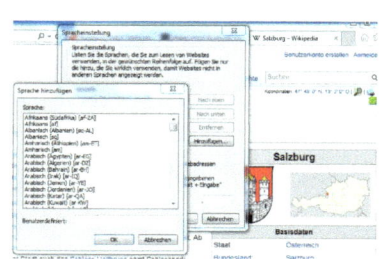

Wählen Sie Deutsch als Sprache für Internetseiten. Vergleichen Sie mit Ihrer Sprache.

RICHTIG SCHREIBEN

a Ergänzen Sie im Text Punkt (**.**) oder Fragezeichen (**?**).

Hallo, Vera,
ich habe gerade deine Nachricht gehört und möchte dir kurz antworten. Wo fange ich an?
Mir geht es sehr gut hier Du fragst: Kannst du die Sprache schon gut Was heißt gut Ich kann einkaufen und ich kann ein bisschen Zeitung lesen Aber ich lerne jeden Tag mehr Spanisch
Mein Studium macht mir Spaß Viele Kurse sind auf Englisch
Und wie geht es dir Wann hast du Urlaub Möchtest du mich besuchen Barcelona gefällt dir bestimmt

Viele Grüße,
Stefan

🎧 4.49 **b** Hören Sie zur Kontrolle.

Mein Deutsch nach Kapitel 14

Das kann ich:

über Aufgaben im Alltag sprechen

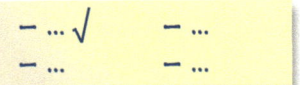

Erzählen Sie.

Ich muss heute noch …

Ich habe heute schon …

Probleme im Hotel lösen

Spielen Sie die Dialoge.

1. A arbeitet an der Hotelrezeption. B hat ein Zimmer reserviert und möchte sich anmelden.
2. A ist Gast im Hotelrestaurant und wartet schon seit dreißig Minuten auf ihr/sein Essen. B ist Kellner/in.
3. A ist Rezeptionist/in. B ruft an. Er/sie braucht die Adresse vom Hotel.

---

biografische Informationen verstehen

Amani Wangai ist Mechaniker von Beruf. Er ist 26 Jahre alt und kommt aus Nairobi in Kenia. Amani hat eine Freundin. Seit einem Jahr arbeitet er als Automechaniker bei der Firma „AutoDoktor" in Innsbruck. Amani möchte studieren und dann als Ingenieur arbeiten.

Lesen Sie den Text und ergänzen Sie den Steckbrief.

Name: .... Alter: ....

Herkunft: ....

Wohnort: ....

Familie: ....

Er arbeitet als: ....

---

biografische Informationen geben

Sprechen Sie.

Ich arbeite seit …

Ich wohne seit …

Vor …

Informationen erbitten – ein E-Mail schreiben

Hotel-Restaurant Blumenau
Wir suchen einen Koch / eine Köchin.
Arbeitszeiten Mo.–Fr. 15–23 Uhr
Rufen Sie uns an: Tel. +414367100.
Mehr Informationen auch unter:
www.hotelblumenau.ch

Ergänzen Sie das E-Mail.

....,
ich habe Ihre … gelesen. Ich bin Koch und lebe in Zürich. Die Stelle finde ich sehr interessant. Kann ich Ihnen meine Bewerbung als E-Mail schicken?

....

Andi Nestrow

www → A1/K14

Das kenne ich:

Ⓖ

Verbindungen mit *denn*   **Warum?**

Ich (mag) meine Arbeit.   Sie (ist) interessant.

Ich (mag) meine Arbeit,   denn   sie (ist) interessant.

Präpositionen *vor, seit* + Dativ

Vor ein**er** Woche **bin** ich nach Graz **gekommen**.   Frage: **Wann?**
vor + Dativ + Perfekt

seit ein**em** Jahr
vor ein**em** Jahr
seit ein**er** Woche
vor drei Woche**n**

Seit zwei Jahre**n** **arbeite** ich im Hotel Wiesler.   Frage: **Seit wann? / Wie lange?**
seit + Dativ + Präsens

Ⓖ

HALTESTELLE

1 Kennen Sie D-A-CH?

a Wo können Sie übernachten? Sehen Sie die Fotos an, lesen Sie die Texte und ordnen Sie zu.

① **Jugendherberge** ...E...
In Deutschland, Österreich und der Schweiz gibt es viele Jugendherbergen. Hier können junge Leute, Familien und Gruppen günstig übernachten.

Wien

A

Berlin

C

B
Bern

② **Freunde oder Verwandte** ....
Freunde oder Verwandte besuchen und eine neue Stadt sehen – das ist für viele Leute perfekt! Man hat viel Zeit zusammen und es ist auch nicht so teuer.

③ **Hostel** ....
Hostels sind ein Treffpunkt für junge Leute mit wenig Geld. Es gibt sie in vielen Großstädten. Oft teilt man ein Zimmer mit anderen. In Berlin gibt es viele besondere Hostels.
(Suchwort z. B.: *Hostel Berlin*)

④ **Privatzimmer** ....
Im Internet findet man viele Angebote. Man hat ein Zimmer in einer Wohnung und benutzt mit den Vermietern zusammen Küche und Bad.
(Suchwort z. B.: *Privatzimmer Graz*)

Norddeutschland

E

Graz

D

⑤ **Hotel** ....
Hier übernachten Geschäftsleute, aber natürlich kann man hier auch Urlaub machen. Hotels sind oft teuer, haben aber viel Service. In Wien gibt es viele berühmte Hotels.

🎧 4.50–54 **b** Hören Sie. Wo haben die Personen übernachtet? Ordnen Sie die Dialoge den Fotos A–E zu.

1. Sabah ...E...   2. Marion ....   3. Herr Behagel ....   4. Sergio ....   5. Clara ....

🎧 4.50–54 **c** Hören Sie noch einmal. Wie war's? Machen Sie Notizen. Die Stichwörter helfen.

Preis   Zentrum   Tipps   Sehenswürdigkeiten   Zimmer
Spaß   Vermieter   Frühstück

1. Sabah: sehr gut gefallen, Zimmer modern, billig, Frühstück in Ordnung, laut, aber kein Problem

d Wo übernachten Sie gerne? Warum?

> Meine Familie ist groß und ich habe Verwandte in vielen Städten. Ich übernachte gerne bei ihnen. So kann ich viele Städte kennenlernen.

2 Spielen und wiederholen

a Welche Wörter passen zusammen? Bilden Sie thematische Gruppen.

> Arzt und Elektriker – das sind Berufe.

> Arzt und Bauchschmerzen – das passt zu Gesundheit.

Adresse	brauchen	Hausmeister/in	Krankenpfleger/in
anrufen	Doppelzimmer	höflich	Medikament
Apotheke	Dusche	Hotel	Mund
Arm	e-card	Hotelkaufmann/frau	Nase
Arzt/Ärztin	Einzelzimmer	Hustenbonbon	Nasentropfen
Aufzug	Elektriker/in	Hustensaft	Ordination
Auge	Erkältung	Informatiker/in	Patient/Patientin
ausschlafen	Fieber	Ingenieur/in	reservieren
Bauchschmerzen	Fuß	Kellner/in	Rezept
Bein	geöffnet	Koch/Köchin	Rücken
besser	Gepäck	Kopf	Salbe
Bett	geschlossen	Kopfschmerzen	Schnupfen
bekommen	gesund	Körper	Speisekarte
bestellen	Glück	Knie	studieren
bezahlen	Halsschmerzen	krank	Tablette
bleiben	Hand	Krankheit	warten

b Wie viele Nomen aus 2a können Sie in 30 Sekunden mit Artikel und Plural sagen? A sagt die Nomen, B zählt.

c Unterstreichen Sie in der Liste in 2a alle Verben. Schreiben Sie mit drei Verben Sätze im Perfekt.

Ich habe eine Arbeit als Hausmeister bekommen.

3 Sprechtraining

a Welche Antworten passen wo? Ordnen Sie zu. Es gibt mehrere Möglichkeiten.

1. Haben Sie morgen ein Zimmer frei? _c, d_

2. Ich möchte ein Käseweckerl und ein Cola, bitte. _____

3. Ich warte schon 30 Minuten auf mein Essen! _____

4. Kann ich ein Doppelzimmer reservieren? _____

5. Mein Fernseher ist kaputt. _____

6. Der Salat war sehr gut. _____

7. Wo gibt es hier einen Arzt? _____

a) Entschuldigen Sie, bitte.

b) Es kommt sofort!

c) Ich frage gleich meine Kollegin.

d) Natürlich!

e) Ja, gerne.

f) Vielen Dank!

g) Warten Sie bitte einen Moment. Ich rufe gleich den Techniker.

b Üben Sie. Einer sagt einen Satz von 1–7 aus 3a, der andere reagiert. Wechseln Sie den Partner / die Partnerin.

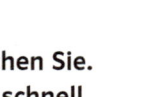

> Der Salat war sehr gut.

> Vielen Dank!

c Erweitern Sie die Dialoge aus 3a und sprechen Sie. Variieren Sie: Sprechen Sie laut oder leise, schnell oder langsam, freundlich oder unfreundlich.

> Kann ich Ihnen helfen?

> Ja, mein Kopf tut sehr weh.

> Wo gibt es hier einen Arzt?

TESTTRAINING

1 Hören

🎧 4.55 – 59 **Kreuzen Sie an: richtig oder falsch. Sie hören jeden Text einmal.**

Beispiel

0 Herr Kallmeier soll seine Tabletten abholen.

☐ richtig ☐ falsch

1 Frau Fauser bekommt am Dienstag einen Termin.

☐ richtig ☐ falsch

2 Die Fahrgäste sollen nicht in den nächsten Zug einsteigen.

☐ richtig ☐ falsch

3 Herr Giménez soll zur Information kommen.

☐ richtig ☐ falsch

4 Im Zugrestaurant kann man heute nur etwas trinken.

☐ richtig ☐ falsch

2 Schreiben

a **Lesen Sie die Aufgabe und die Informationen.**

Ihre Tochter ist krank und Sie können nächste
Woche nicht in den Sprachkurs gehen.
Schreiben Sie an Ihre Lehrerin, Frau Daum.

– Warum schreiben Sie?
– Wie lange können Sie nicht kommen?
– Hausübung?

Schreiben Sie zu jedem Punkt ein bis zwei Sätze
(circa 30 Wörter).
Schreiben Sie auch eine Anrede und einen Gruß.

> **Tipps zum Schreiben – Vor dem Schreiben**
>
> → Lesen Sie die Aufgabe genau durch.
>
> → Schreiben Sie zu jeder Frage etwas.
>
> → Was passt: Sie + Nachname oder du +
>   Vorname? Die Anrede muss im ganzen
>   Text gleich sein!
>
> → Trainieren Sie Anrede- und Grußformeln –
>   sie sind immer gleich!
>
> → Schreiben Sie sofort auf den Antwortbogen.

b **Was passt wo? Schreiben Sie die Anrede- und Grußformeln in die Tabelle.**

Hi, Beate!   Sehr geehrter Herr Zechner,   Lieber Frank,   Liebe Grüße, Anna

Bis bald! Mario   Mit freundlichen Grüßen, M. Launer   Hallo Felix,

Sehr geehrte Damen und Herren,   Viele Grüße, Emilia Rosenbaum

Sie	du

c Lesen Sie den Brief. Es gibt sechs Fehler. Markieren Sie die Fehler.

> ==Frau Lehrerin!==
>
> mein Tochter ist leider krank. Sie eine Woche zu
> Hause bleiben muss. Ich kann nächste Woche nicht
> in den Deutschkurs komme. Sie mir schicken die
> Hausübung, bitte?
> Viele Gruß,
> Gabriella Serpi

d Schreiben Sie den Brief aus 2c richtig.

> Liebe Frau Daum,

e Ordnen und schreiben Sie den Brief an die Touristeninformation.

Sie möchten vom 18. bis zum 20. März nach Salzburg fahren. Schreiben Sie an die Touristeninformation.
  – Warum schreiben Sie?
  – Kulturtipps (Sehenswürdigkeiten, Museen, Kinos, …)?
  – Hoteladressen?

> .... Vielen Dank.
>
> .... ich möchte vom 18. bis zum 20. März nach Salzburg fahren.
>
> .... Lia Popescu
>
> ..1.. Sehr geehrte Damen und Herren,
>
> .... Mit freundlichen Grüßen,
>
> .... Bitte schicken Sie mir Hoteladressen.
>
> .... Haben Sie auch Kulturtipps? Ich möchte gerne ins Museum und ins Kino gehen.

f Schreiben Sie jetzt selbst einen Brief und kontrollieren Sie ihn. Die Tipps helfen.

Ein Freund / eine Freundin aus dem Sprachkurs hat Sie nach Polen eingeladen. Sie möchten ihn/sie im August eine Woche besuchen und einen Freund / eine Freundin mitbringen.

  – Warum schreiben Sie?
  – Termin?
  – Freund/Freundin mitbringen?

Tipps zum Schreiben – Nach dem Schreiben Kontrollieren Sie Ihren Text: 😊

→ Sind die Anrede- und Grußformeln korrekt?

→ Haben Sie zu allen drei Punkten oder Fragen etwas geschrieben?

→ Gibt es Fehler (Verbposition, Endungen, Rechtschreibung)?

Wichtig: Sie können auch mit Fehlern alle Punkte bekommen, aber man muss die Sätze verstehen!

1 Ich kann jetzt …

a Ordnen Sie die Texte den Cartoons zu.

A: *1+4*   B: ……………   C: ……………   D: ……………

① Hallo, Schatz, brauchst du Hilfe?

② Ach, Daniela kann stricken?

③ Was ist los, Herr Dr. Pfeifer? Geht es Ihnen nicht gut?

④ Hallo! Nein, alles ist gut! Ich habe Kekse gebacken. Das Rezept ist von Oma.

⑤ Alles o.k., Chef. Ich lerne jetzt Yoga und muss jeden Tag vier Mal üben.

⑥ Meine Großmutter kann jetzt auch WhatsApp-Nachrichten schreiben.

⑦ Ja, und wir müssen jetzt alle ihre Schals tragen!

⑧ Und jetzt redet sie nicht mehr mit dir, oder?

b Was können Sie?

‹ Ich kann stricken.   Stricken? Das kann ich auch. ›

Lernziele

Sprechen sagen, was man kann; sagen, was man gelernt hat und was man noch lernen möchte; Lerntipps geben |
Hören Gespräche im Deutschkurs | **Schreiben** meine Lerngeschichte | **Lesen** Lerngeschichten | **Beruf** Lern- und
Berufsbiografien

233

2 Mit einem Jahr habe ich Sprechen gelernt ...

a Das kann man lernen. Schreiben Sie die Wörter unter die Fotos. Vier Möglichkeiten bleiben übrig.

nähen   eine Fremdsprache   lesen   schreiben   ein Musikinstrument

malen   rechnen   kochen   Auto fahren   Schach   laufen   Tischtennis

   A

   B

   C

D

....

   E

   F

   G

   H

....

🎧 4.60   **b** Wann haben Jan und Maria was gelernt? Hören Sie und kreuzen Sie an.

1. Wann hat Jan Sprechen gelernt?
   - ⓐ Mit einem Jahr.
   - ⓑ Das weiß er nicht.

2. Wann hat Maria Schach gelernt?
   - ⓐ Vielleicht mit sechs Jahren.
   - ⓑ Vielleicht mit elf Jahren.

3. Wann hat Jan Tischtennis gelernt?
   - ⓐ Als Kind.
   - ⓑ Er kann nicht Tischtennis spielen.

4. Wann hat Maria Auto fahren gelernt?
   - ⓐ Mit siebzehn Jahren.
   - ⓑ Sie macht gerade den Führerschein.

UND SIE?

Wann haben Sie was gelernt? Was haben Sie gerne gelernt und was nicht? Machen Sie Interviews und berichten Sie im Kurs.

< Wann hast du Rad fahren gelernt?

Als Kind. Ich glaube, ich war drei Jahre alt. Das war einfach. Und du? >

< Das weiß ich nicht. Wann hast du Kochen gelernt?

Wann hast du ... gelernt?	**Wie war das?**
Als Kind.	Das war einfach/leicht.
Ich glaube, ich war ... Jahre alt.	Das war schwer / nicht so leicht.
Vielleicht mit drei Jahren.	Das hat Spaß gemacht.
Das weiß ich nicht.	Das war langweilig.
Das habe ich nie gelernt.	
Wir haben das in der Schule gelernt.	

a Lesen Sie die Texte schnell. Welche Überschrift passt wo?

Ⓐ

Lesen macht Spaß!

Ⓑ

Laufen lernen – nicht so leicht!

Ⓒ

Österreichisch-italienische Freundschaft

① ☐

Ich komme aus Italien, aus Messina. Ich war 15 Jahre alt und habe in der Schule Englisch gelernt. Im Sommer waren oft Touristen bei uns. Aber sie haben Deutsch gesprochen. Ihre Kinder waren abends oft in der Disco. Dort habe ich Emma getroffen. Sie hat mich auf Deutsch gefragt: „Wollen wir tanzen?" Das war mein erster deutscher Satz – unser Satz! Diesen Satz habe ich nie vergessen. Und Emma ist heute noch meine Freundin.
Emilio

② ☐

Mein Bruder hat mit fünf Jahren schon gelesen. Er hat das ganz alleine gelernt! Ich nicht – ich habe das normal in der Schule gelernt. Aber Bücher waren für mich langweilig. Mit acht Jahren habe ich nicht gerne gelesen. Ich habe lieber draußen gespielt. Meine Großeltern haben mir dann zum zwölften Geburtstag „Harry Potter" geschenkt. Das Buch hat mir super gefallen und ich habe es ganz schnell gelesen. Seit dem Tag lese ich sehr viel!
Sophia

③ ☐

Unsere Tochter Lisa ist mit 18 Monaten noch nicht gelaufen.
Meine Mutter hat gefragt: „Was ist los? Euer Sohn ist schon mit elf Monaten gelaufen, Lisa läuft immer noch nicht." Dann waren wir im Urlaub am Strand. Da ist Lisa sofort gelaufen!
Zu Hause hatte sie Angst, aber am Strand war Hinfallen kein Problem. Meine Mutter war glücklich: „Eure Tochter läuft ja!"
Renate und Felix

b Arbeiten Sie zu dritt. Jede/r wählt einen Text und schreibt drei Fragen dazu. Tauschen Sie die Fragen und antworten Sie.

Was hat Sophia mit acht Jahren gerne gemacht?

🎧 4.61–62 **c** Possessivartikel – Wählen Sie.

🔁 Hören Sie und sprechen Sie dann laut.

◀ oder ▶

Hören Sie und singen Sie mit.

ich und mein, du und dein, er, es und sein,
sie und ihr, wir und unser, ihr und euer,
sie und ihr, Sie und Ihr.

Mit Rhythmus lernen hilft!

UND SIE?

Was lernt man in anderen Ländern zu Hause und was in der Schule? Schreiben Sie.

malen

rechnen

am Computer arbeiten

lesen

Rad fahren

In Italien lernt man am Meer schwimmen, nicht in der Schule ...

schreiben

schwimmen

Musik machen

tanzen

Fremdsprachen

4 Das kann ich gut!

🎧 4.63 **a** Welche Aktivitäten hören Sie in dem Gespräch? Kreuzen Sie an.

1. ⃝ Inlineskates fahren
2. ⃝ Auto fahren
3. ⃝ kochen
4. ⃝ Gitarre spielen
5. ⃝ eine Präsentation machen
6. ⃝ Wäsche waschen
7. ⃝ Sushis machen
8. ⃝ rechnen
9. ⃝ malen
10. ⃝ Frisbee spielen

🎧 4.63 **b** Hören Sie noch einmal. Wer kann was gut? Schreiben Sie.

Maria ....

Ben ....

Dana ....

c Was können Sie gut? Wählen Sie.
Machen Sie Plakate wie im Beispiel. ⟷ oder   Schreiben Sie einen kleinen Text.

> Kannst du auch gut Fahrräder reparieren, Dana?

> Nein, das kann ich nicht gut. Aber ich kann gut Ski fahren. Und du, Pablo?

> Ich kann gut tanzen. Könnt ihr das auch gut?

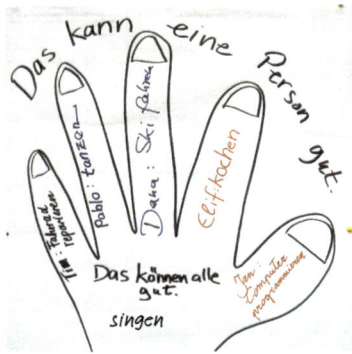

Ich kann sehr gut ...
Gut kann ich ...
Ich kann auch ein bisschen ...
Leider kann ich ... nicht so gut.
Ich möchte ... lernen.

UND SIE?

a Machen Sie eine Tauschbörse.
Was suchen Sie? Schreiben Sie Zettel
und legen Sie die Zettel auf einen Tisch.

> Suche:
> Wer kann mir helfen?
> Ich möchte meine Fotos
> am Computer bearbeiten.
> Beata
>
> Ich kann dir das gerne zeigen.
> Valentina

> Suche:
> Wer kann nähen?
> Meine Jeans ist kaputt.
> José

> Suche:
> Ich möchte eine Torte
> backen! Ich habe bald
> Geburtstag ☺!
> Wer kann mir helfen?
> Valentina

b Lesen Sie die Zettel. Was können Sie machen? Können Sie helfen? Schreiben Sie Ihre Antwort auf die Zettel.

5 Ich möchte Gitarre lernen!

a Lesen Sie. Was machen Eleni und Dana am Freitag?

☆ **Eleni**		✅ Online
Eleni	Das Konzert war schön! Ben spielt toll Gitarre! Das möchte ich auch lernen.	09:02
Dana	Hast du eine Gitarre?	09:04
Eleni	Nein, ich habe keine Gitarre, aber ich möchte eine Gitarre kaufen.	09:05
Dana	Ja, Musik ist toll. Ich möchte richtig singen lernen.	09:07
Eleni	Du kannst nicht singen? Das glaube ich nicht!	09:09
Dana	Doch, ich kann ganz gut singen, aber ich möchte noch besser singen!	09:11
Eleni	Ich singe freitags immer im Chor. Du kannst gerne mitkommen, oder hast du keine Zeit?	09:12
Dana	Doch, ich habe Zeit. Ich komme sehr gerne.	09:15

> Ja/Nein-Frage mit *nicht* oder *kein* –
> Antwort *doch* oder *nein*!

b Lesen Sie den Dialog in 5a noch einmal und ergänzen Sie *ja, nein* oder *doch*.

1. + Hast du eine Gitarre? ⓐ + ..., ich habe eine Gitarre. ⓑ – ...., ich habe keine Gitarre.

2. – Hast du **keine** Zeit? ⓐ + ..., ich habe Zeit. ⓑ – ...., ich habe keine Zeit.

3. – Kannst du **nicht** singen? ⓐ + ..., ich kann singen! ⓑ – ...., ich kann nicht singen.

♫ 4.64 **c** Aussprache: Hauptakzente – Hören Sie die Sätze. Markieren Sie die Hauptakzente.

1. ● Hast du ein <u>Au</u>to? oooOo ○ Nein, ich habe kein Auto. OoooOoo

2. ● Kannst du nicht tanzen? ooOoo ○ Doch, ich kann tanzen! OoOoo

3. ● Kannst du Fahrrad fahren? ooOooo ○ Ja, ich kann Fahrrad fahren! OoOoooo

4. ● Kannst du nicht schwimmen? ooOoo ○ Nein, ich kann nicht schwimmen. OooOoo

♫ 4.64 **d** Kontrollieren Sie im Kurs. Hören Sie noch einmal und sprechen Sie mit.

e Spielen Sie. Schreiben Sie Fragen auf Zettel. Fragen und antworten Sie. Wählen Sie.

Schreiben Sie nur positive Fragen.  oder Schreiben Sie auch negative Fragen mit *nicht/kein*.

Hast du einen Computer?

Nein, ich habe keinen Computer.

+ Hast du einen Computer?

– Hast du keine Gitarre?

+ Kannst du schwimmen?

– Kannst du nicht singen?

Hast du keine Gitarre?

Doch, ich habe eine Gitarre.

 = negative Antwort

 = positive Antwort

6 Mit allen Sinnen lernen …

a Wie lernt Maria Deutsch? Lesen Sie und notieren Sie ein M für Maria bei den passenden Bildern.

So lerne ich Deutsch:
Ich spreche viel mit Österreichern, zum Beispiel beim Elternabend in der Schule oder bei uns im Haus. Meine Nachbarn lieben Italien und wollen Italienisch mit mir sprechen, aber ich sage immer: Sprecht bitte Deutsch mit mir! Und ich sage auch: Korrigiert bitte meine Fehler und erklärt mir die Grammatik!
So lerne ich ganz viel. Und ich muss immer alles hören, dann lerne ich es auch. Ich sehe viel fern. Mit meiner Tochter sehe ich „Die Sendung mit der Maus" an. Das ist eine Kindersendung, aber da können auch Erwachsene noch richtig viel lernen ☺. Seht die Sendung einmal an, sie ist wirklich gut!
Maria

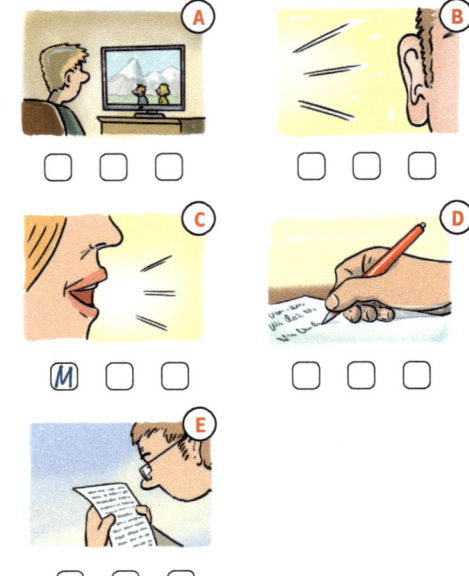

b 🎧 4.65 Und so lernen Eleni und Ben.
Hören Sie und notieren Sie E und B bei den Bildern in 6a.

c Lesen Sie den Text von Maria in 6a noch einmal und ergänzen Sie die Tabelle.

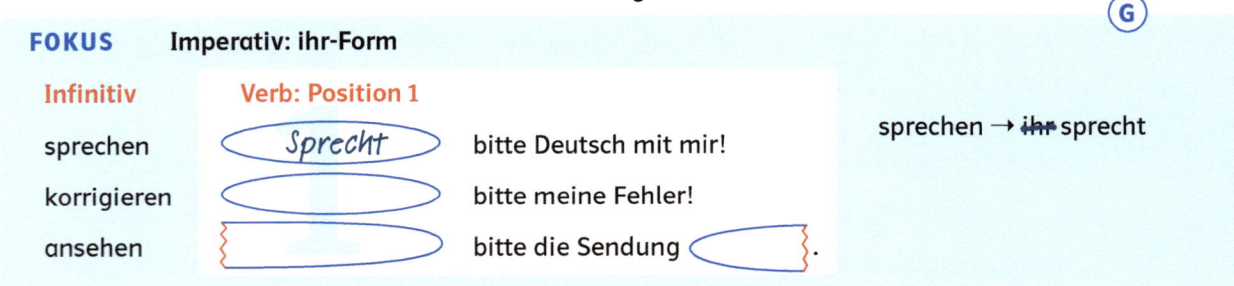

FOKUS Imperativ: ihr-Form

Infinitiv	Verb: Position 1	
sprechen	*Sprecht*	bitte Deutsch mit mir!
korrigieren		bitte meine Fehler!
ansehen		bitte die Sendung ___ .

G

sprechen → ~~ihr~~ sprecht

d Die Tipps von Ben und Eleni. Schreiben Sie die Sätze.

1. die Wörter aufschreiben
2. Lernplakate machen
3. bei der Arbeit Deutsch sprechen
4. Wörter laut sprechen
5. deutsche Lieder hören
6. Liedtexte auswendig lernen

Schreibt die Wörter auf!

UND SIE?

Ihre Tipps – Machen Sie ein Ideenkarussell.

Jede Gruppe wählt eine Fertigkeit und schreibt ihre Lerntipps dazu auf ein Plakat.

Jede Gruppe gibt ihr Plakat an die nächste Gruppe weiter und ergänzt weitere Tipps.

Hängen Sie die Plakate im Kursraum auf.

Probieren Sie immer wieder einen Tipp aus!

7 Ein Leben lang lernen

a Arbeiten Sie zu zweit. A liest Text A, B liest Text B. Markieren Sie wichtige Informationen.

A

Mein <mark>Name</mark> ist <mark>Tarek Kolat</mark>. Ich bin in der <mark>Türkei geboren</mark> und mit drei Jahren nach Österreich gekommen. Zu Hause haben wir Türkisch gesprochen, aber ich habe immer mit österreichischen Kindern gespielt. So habe ich am Anfang Deutsch gelernt, dann natürlich auch in der Schule. 1993 habe ich als erster Türke an meiner Schule die Matura gemacht. Danach habe ich an der Universität Wien Informatik studiert.
Als Student war ich auch ein Jahr in Schweden an einer Universität, das war toll!
Seit drei Jahren lebe ich in Innsbruck. Ich bin jetzt selbstständig und habe eine kleine Computerfirma. Ich finde, Sprachen sind ganz wichtig. Sie machen das Leben interessant und leicht! Bald möchte ich noch eine Sprache lernen, vielleicht Chinesisch.

B

Ich heiße <mark>Magda Zegartowska</mark> und komme aus einem kleinen Dorf in <mark>Polen</mark>. Schon als Kind habe ich reiten gelernt. Ich liebe Pferde! Aber mit 14 Jahren habe ich aufgehört. Als Jugendliche war ich dann in der Theatergruppe von meiner Deutschlehrerin. Wir haben auf Deutsch Theater gespielt, das war am Anfang schwer, aber da habe ich sehr viel gelernt. Vor einem Jahr bin ich nach Österreich gekommen. Hier habe ich singen gelernt, und ich spiele immer noch gerne Theater. Zurzeit bin ich hier in St. Pölten in einer Theatergruppe. Das macht mir sehr viel Spaß. Jetzt lerne ich tanzen, das brauche ich für unser Theaterstück.
In einem Jahr möchte ich auch noch ein Musikinstrument lernen. Klavier gefällt mir sehr gut!

b Was haben Sie gelesen? Erzählen Sie das Ihrem Partner / Ihrer Partnerin.

> Sein Name ist Tarek Kolat. Er kommt …

c Notieren Sie aus den Texten in 7a fünf Zeitangaben.
Schreiben Sie dann mit diesen Zeitangaben einen Text über sich.

Mit … Jahren …
Als Kind …

K15

VORHANG AUF

Meine Lerngeschichte

**Was haben Sie gelernt? Schreiben Sie fünf Zettel über sich. Arbeiten Sie zu zweit.
Ihr Partner / Ihre Partnerin muss raten und die Zettel ordnen: Was haben Sie zuerst
gelernt, was dann? Erzählen Sie dann einem anderen Paar Ihre Lerngeschichten.**

Ski fahren

Deutsch

kochen

schwimmen

Computerspiele programmieren

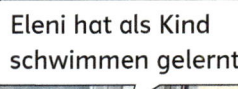

Eleni hat als Kind schwimmen gelernt.

> Hast du als Kind Ski fahren gelernt?

> Nein, schwimmen.

> Und was hast du dann gelernt?

ÜBUNGEN

1 Ich kann jetzt . . .

🎧 4.66 – 68   **Hören Sie. Ordnen Sie die Dialoge den Bildern zu.**

Dialog: ....   Dialog: ....   Dialog: ....

2 Mit einem Jahr habe ich Sprechen gelernt . . .

a Vier Verben und vier Nomen: Schreiben Sie die Wörter richtig.

1. neähn   *nähen* ....
2. rehecnn ....
3. mealn   ....
4. lefaun   ....

5. Ticitnnshes   ....
6. Fmrcrsphnadee ....
7. Sacchh   ....
8. Misukstruinnemt ....

Tischtennis • Schach • ~~nähen~~ • Fremdsprache • malen • rechnen • laufen • Musikinstrument

b Ergänzen Sie die Sätze mit Wörtern aus 2a.

1. Meine Mutter kann sehr gut ..... *Schach* ..... spielen, und mein Bruder auch.

   Sie spielen immer zusammen.

2. Mein Sohn liebt Zahlen. Er kann sehr gut ....

3. Meine Tochter kann schön .... Ihre Bilder sind wirklich toll!

4. Mein Bruder liebt Musik. Er möchte ein .... lernen.

5. Meine Schwester kann viele .... : Arabisch, Englisch und Französisch.

6. Meine Tante kann sehr gut .... Den Vorhang hier hat sie gemacht!

7. Ich mag Sport und spiele gut Fußball und ....

8. Meine Freundin hat eine Tochter. Sie ist ein Jahr alt und kann schon ....

c Was können Sie gut? Wann haben Sie das gelernt? Wie war das? Schreiben Sie Sätze zu zwei Aktivitäten.

> *Ich kann gut Ski fahren. Das habe ich schon als Kind gelernt. Es war ganz einfach.*
> *Ich kann auch ...*

3 Lerngeschichten

a Ergänzen Sie die Texte.

habe   gefallen   hat   ~~war~~   gelesen   geschenkt   hatte   hat

1. Ich (1) _war_ 12 Jahre alt und (2) .... in der

Schule viele Probleme mit Englisch. Da (3) .... mir

meine Mutter Harry Potter auf Englisch (4) ....

Das Buch (5) .... mir sehr gut (6) ....

Ich (7) .... dann alle Harry-Potter-Bücher auf

Englisch (8) .... , und jetzt bin ich richtig gut

in Englisch!

Angst   Probleme   ~~Meer~~   Schwimmbad   Jahren   Sohn

2. Wir haben früher am (9) _Meer_ gewohnt, aber unser

(10) .... Luis ist mit fünf (11) ....

noch nicht geschwommen. Im Meer hatte er zu viel

(12) .... Mein Mann hat gesagt: Warum schwimmt

Luis nicht, was ist los? Dann hat er im (13) ....

einen Schwimmkurs gemacht. Da hatte er keine

(14) .... und ist sofort geschwommen.

Wir waren alle sehr glücklich!

b Schreiben Sie die Sätze im Perfekt.

1. früher / wohnen / am Meer / Wir / .

   Wir haben früher am Meer gewohnt. ....

2. schwimmen / mit fünf Jahren noch nicht / Unser Sohn / .

   ....

3. einen Schwimmkurs / Er / machen / dann / .

   ....

4. im Club / Birgit / treffen / Ich / .

   ....

5. Sie / fragen / mich / : / „Wollen wir tanzen?"

   ....

6. nie / Diesen Satz / vergessen / ich / .

   ....

7. Wir / viel Spaß / haben / .

   ....

c Ergänzen Sie *-e* oder *-en* oder *–*.

● Das ist (1) mein *e* Familie.

○ Ah! Das sind (2) dein........ Eltern, oder?

● Ja, genau.

○ Besuchst du (3) dein........ Eltern oft?

● Leider nicht. Und da ist (4) mein........ Bruder Gonzalo.

(5) Sein........ Frau heißt Rosaria.

○ Triffst du (6) dein........ Bruder oft?

● Ja! Er wohnt in Niederösterreich, und ich möchte ihn und

(7) sein........ Frau bald besuchen. Da auf dem Foto sind (8) ihr........ Kinder Silvia und Xavier.

Sie können sehr gut schwimmen. Rechts siehst du (9) mein........ Bruder Mario, und hier links sind

(10) mein........ Bruder Salvador und (11) mein........ Schwester Linda.

○ Salvador sieht ja gut aus! Kann ich (12) dein........ Bruder einmal kennenlernen?

● Ja, ich mache bald ein Fest und lade ihn ein. (13) Sein........ Hobby ist Tanzen.

○ Oh, toll!

d Ergänzen Sie die Possessivartikel.

Das ist die Wohnung von Frau Schmidt.

Ihre........ Wohnung ist klein.

.... Wohnzimmer ist hell.

.... Tisch und .... Sessel hat sie neu gekauft.

.... Bilder mag sie sehr gerne.

.... Balkon ist groß, aber .... Keller ist klein.

Hier wohnt Herr Trendler.

.... Wohnung ist groß, aber .... Wohnzimmer ist dunkel.

.... Tisch und .... Sessel sind alt.

.... Bilder hat er selbst gemalt!

.... Keller ist groß, aber er hat keinen Balkon.

4 Das kann ich gut!

Lesen Sie. Ordnen und schreiben Sie den Text.

.... Die Buchstaben habe ich in der Schule gelernt.

.... Gestern habe ich für alle im Kurs ihre Namen auf Arabisch geschrieben.

1.... Ich kann gut Arabisch schreiben.

.... Jetzt wollen sie auch arabische Buchstaben lernen.

Ich kann gut Arabisch schreiben ...

5 Ich möchte Gitarre lernen!

a Welche Anzeige passt? Ordnen Sie zu.

1. Ihr Freund muss in der Arbeit Tabellen am Computer machen, kann das aber nicht. ...D...

2. Sie möchten malen lernen. ....

3. Ihr Kind will ein Musikinstrument lernen. ....

4. Ihre Kollegin möchte Kochen lernen. ....

5. Ihr Nachbar möchte gerne singen. ....

6. Ihre Nachbarin möchte eine neue Sprache lernen. ....

A
Gitarre oder Klavier lernen!
Student gibt Unterricht.
Faire Preise!
www.musikstudent.net

B
Suppen – leicht und lecker!
Mit Gemüse, Nudeln, Reis oder Fleisch …
Jetzt Kurse bei *leicht und lecker* reservieren!

C
Türkisch für Anfänger
Mit Zeit und Spaß in kleinen Gruppen lernen!
Neue Kurse ab sofort!
Sprachschule Lingua

D
Mit Tabellen rechnen am Computer – mit Excel ganz einfach!
Die Computerprofis.
Informationen unter
www.die-computerprofis.at

E
Chor sucht Männer!
Zusammen Musik machen und Spaß haben!
Treffpunkt:
Jeden Dienstag um 19 Uhr in der Musikschule

F
Schöne Bilder, selbst gemacht?

Kein Problem!
Wir geben Ihnen tolle Tipps!

Kunstschule am Jakobsplatz

b Ergänzen Sie in A die Fragen mit *nicht* oder *kein* in der richtigen Form.

A
1. Kannst du _keine_ Tabellen machen?
2. Kannst du .... malen?
3. Kann deine Tochter .... Gitarre spielen?
4. Kannst du .... kochen?
5. Hat der Chor .... Männer?
6. Kann deine Mutter .... Fremdsprachen?

Ergänzen Sie in B die Antworten mit *ja*, *doch* oder *nein*.

B
1. – ....Nein...., das muss ich noch lernen.
2. + ..., aber ich möchte es noch besser lernen.
3. – ...., sie hat noch nie Gitarre gespielt.
4. – ...., das habe ich nie gelernt.
5. + ..., aber er braucht noch mehr.
6. + ..., aber Türkisch kann sie noch nicht.

c Und Sie? Schreiben Sie Antworten mit *doch* oder *nein*.

1. Haben Sie heute noch keinen Kaffee getrunken?
2. Haben Sie heute die Zeitung noch nicht gelesen?
3. Haben Sie gestern nicht ferngesehen?
4. Haben Sie am Wochenende Ihre Familie nicht angerufen?
5. Haben Sie am Samstag keine Freunde eingeladen?

Ich habe **keine Gitarre**.	Nomen + *kein*
Ich kann **nicht** Gitarre **spielen**.	Verb + *nicht*

1. Doch, ich habe heute schon einen Kaffee getrunken.
Nein, aber ich habe Tee getrunken.

d Aussprache: Frage (?) oder Aussage (.)? Hören Sie 1–6 und kreuzen Sie an. Hören Sie noch einmal.

	?	.
1. Er kann Klavier spielen	☒	☐
2. Sie liest nie die Zeitung	☐	☐
3. Sie können gut malen	☐	☐
4. Der Kurs ist am Freitag	☐	☐
5. Am Samstag kochen wir	☐	☐
6. Du kannst gut Türkisch	☐	☐

♩ 4.69 **e** Hören Sie noch einmal und sprechen Sie nach.

6 Mit allen Sinnen lernen ...

🎧 4.70 **a** Hören Sie und kreuzen Sie an: richtig oder falsch?

	R	F
1. Elenis Freunde haben ihr deutsche Musik geschenkt.	☒	☐
2. Eleni kann viele Liedtexte auf Deutsch.	☐	☐
3. Ben spricht neue Wörter laut.	☐	☐
4. Ben hat zu Hause Lernplakate.	☐	☐
5. Bens Kollegen schreiben ihm E-Mails auf Englisch.	☐	☐
6. Eleni und Ben möchten nicht mehr in den Deutschkurs gehen.	☐	☐

b Ordnen Sie zu und schreiben Sie die Lerntipps.

1. Sprecht viel mit
2. Sagt euren Freunden:
3. Seht deutschsprachige Sendungen
4. Sprecht neue Wörter ganz
5. Macht
6. Sprecht Deutsch
7. Lernt deutsche Liedtexte

a) im Fernsehen an.
b) bei der Arbeit.
c) Österreichern.
d) laut.
e) auswendig.
f) Bitte korrigiert mich.
g) Lernplakate.

1. Sprecht viel mit Österreichern!
2. ...

c Welches Verb passt nicht? Streichen Sie durch.

1. eine Übung	machen • schreiben • ~~nehmen~~
2. Lerntipps	laufen • geben • schreiben
3. Liedtexte	lernen • lesen • rechnen
4. mit den Nachbarn	üben • ansehen • sprechen
5. Wörter	laut sprechen • aufschreiben • machen
6. bei der Arbeit Deutsch	wissen • sprechen • schreiben

d Mama hat viele Tipps für die Kinder – Schreiben Sie die Tipps.

viel Obst essen • die Hausübung immer gleich machen •
Pausen machen • viel draußen spielen • früh schlafen gehen

Esst viel Obst!

e Und Sie? Schreiben Sie auch zwei Tipps.

....

....

....

7 Ein Leben lang lernen

a Ordnen Sie die Zeitangaben.

vor einem Jahr • jetzt • vor fünf Monaten • gestern • in sechs Wochen • in einem Monat • in drei Jahren •
übermorgen • vor zehn Jahren • in einem Jahr • vorgestern • in einer Woche • vor sechs Tagen

vor zehn Jahren, vor einem Jahr, ...

b Ergänzen Sie die Zeitangaben. Es gibt mehrere Möglichkeiten.

mit sechs Jahren   mit drei Jahren   bald   ~~mit 14 Monaten~~   Vor zwei Jahren   jetzt

Ich habe ___*mit 14 Monaten*___ laufen gelernt. _____ habe ich schon backen gelernt,

meine Oma hat mit mir immer Kuchen gebacken. Schwimmen habe ich erst _____ gelernt,

wir hatten einen Schwimmkurs in der Schule. _____ habe ich Deutsch gelernt. Und

_____ lerne ich Auto fahren. Ich möchte _____ noch tanzen lernen.

LEICHTER LERNEN

a Mit Mindmaps lernen. Ergänzen Sie eigene Wörter.

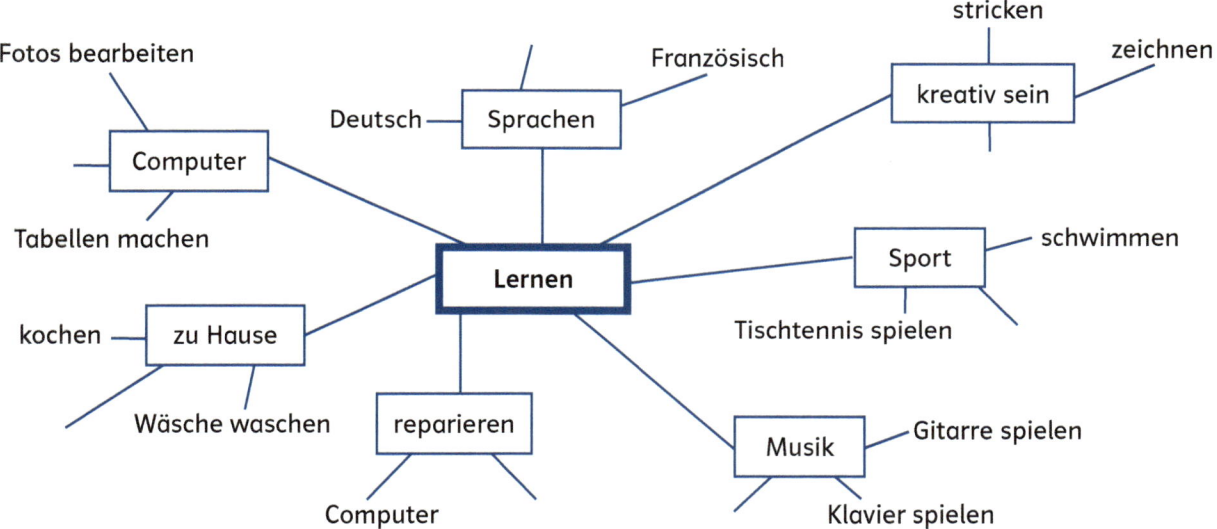

b Machen Sie eine Mindmap zu einem anderen Thema, zum Beispiel *Freizeit* oder *Essen*. Sie können die
Mindmap auch zuerst in Ihrer Sprache machen und dann auf Deutsch.

RICHTIG SCHREIBEN

Texte korrigieren

Im Text sind 8 Fehler. Markieren Sie die Fehler und schreiben Sie den Text richtig.

Heiße ich Edita. Ich komme aus Russland. Schon als kind habe ich Schach gelernt. Ich habe immer gerne

gespielt Schach. Seit vier Jahren lebe ich in österreich. Hier ich spiele manchmal im Park Schach. Dort habe

ich viele leute getroffen und auch Freunde gefunden. mein Sohn auch Schach lernen möchte.

Ich heiße Edita ...

Mein Deutsch nach Kapitel 15

Das kann ich:

sagen, was ich kann

👥 **Fragen und antworten Sie.**

- ● Kannst du gut stricken?
- ○ Ja, das kann ich, und du?
- ● Nein, das …

sagen, was ich noch lernen möchte

👥 **Sprechen Sie.**

> Ich möchte Tennis spielen lernen.

> Und ich möchte Schach lernen.

Lerntipps geben

Geben Sie vier Lerntipps.

1. ....
2. ....
3. ....
4. ....

meine Lerngeschichte schreiben

Schreiben Sie eine Lerngeschichte.

> Als Kind habe ich … gelernt.
> Vor … Jahren habe ich …

www → A1/K15

Das kenne ich:

Ⓖ

Possessivartikel (Zusammenfassung)

	maskulin	neutrum	feminin	Plural
Nominativ	mein Sohn	mein Baby	meine Tochter	meine Eltern
Akkusativ	meinen Sohn	mein Baby	meine Tochter	meine Eltern
Genauso:	dein, sein, ihr, unser, euer/eure, ihr, Ihr			

ja, nein, doch

	+	–
+ Hast du eine Gitarre?	+ **Ja**, ich habe eine Gitarre.	- **Nein**, ich habe **keine** Gitarre.
– Hast du **keine** Zeit?	+ **Doch**, ich habe Zeit.	- **Nein**, ich habe **keine** Zeit.
– Kannst du **nicht** singen?	+ **Doch**, ich kann singen.	- **Nein**, ich kann **nicht** singen.

Imperativ: ihr-Form

Verb: Position 1

sprechen	(Sprecht)	bitte Deutsch mit mir!
korrigieren	(Korrigiert)	bitte meine Fehler!
ansehen	{ Seht	die Sendung (an) !

sprechen	→	~~ihr~~ sprecht
korrigieren	→	~~ihr~~ korrigiert
an sehen	→	~~ihr~~ seht … an

📖

wissen

ich	weiß
du	weißt
er/es/sie	weiß
wir	wissen
ihr	wisst
sie/Sie	wissen

Glücksmomente

Toll!

Achterbahn und Riesenrad in Wien

Zuckerwatte und Lebkuchenherzen, Oktoberfest in München

Achterbahn, Prater in Wien

Losbude. Oktoberfest in München

1 Auf dem Volksfest

♫ 4.71 **a** Hören Sie das Gespräch. Was möchte Eleni auf dem Volksfest machen? Kreuzen Sie an.

1. Eleni will Riesenrad fahren. ☐
2. Sie will Zuckerwatte essen. ☐

3. Sie will ein Cola trinken. ☐
4. Sie will Achterbahn fahren. ☐

♫ 4.71 **b** Hören Sie noch einmal. Wer sagt das? Ordnen Sie zu.

fantastisch   zu hoch   toll   nicht teuer   macht Spaß   zu schnell

Eleni: _toll,_ ....

Pablo: ....

c Mögen Sie Volksfeste? Was machen Sie dort gerne? Erzählen Sie.

☺ Ich finde Volksfeste toll/super/fantastisch/interessant …, denn …
☹ Ich finde Volksfeste laut/langweilig/teuer / zu voll …, denn …

Ich finde Volksfeste super. Ich esse gerne Zuckerwatte und …

Lernziele

Sprechen Gefallen und Missfallen äußern; Einkaufsgespräche führen; erzählen, was einen glücklich macht |
Hören Gespräche auf dem Volksfest | **Schreiben** Komplimente; einen Dankesbrief; einen Text über Glück |
Lesen einen Dankesbrief; Aussagen über Glück

2 Vielleicht gewinne ich etwas!

🎧 4.72 **a** Hören Sie. Wo sind Eleni und Pablo jetzt? Kreuzen Sie an.

☐ an der Losbude   ☐ am Würstelstand   ☐ am Karussell

🎧 4.73 **b** Lesen Sie die Fragen und hören Sie das Gespräch. Kreuzen Sie an.

Gewonnen! Nr. 623 ☺

Niete ☹

1. Wie viele Lose hat Pablo gekauft?	ⓐ zehn	ⓑ fünfzehn
2. Was bedeutet „Niete"?	ⓐ etwas gewonnen	ⓑ nichts gewonnen
3. Was hat Pablo gewonnen?	ⓐ einen Fernseher	ⓑ einen Gartenzwerg
4. Welche Nummer hat gewonnen?	ⓐ 623	ⓑ 632
5. Was will Eleni jetzt tun?	ⓐ etwas essen	ⓑ etwas trinken

c Ergänzen Sie *alles*, *etwas*, *nichts*.

Ich habe .... gewonnen.

Ich habe .... gewonnen.

Ich habe .... gewonnen.

d Verlosung im Kurs – Spielen Sie. Jeder schreibt fünf Lose: ein Gewinn und vier Nieten. Sammeln Sie die Lose ein. Jeder zieht fünf Lose.

Niete ☹   Auto ☺

⟨ Schade, ich habe nichts gewonnen.

Toll! Ich habe ein Auto gewonnen! ⟩

e Kettenspiel – Fragen und antworten Sie wie im Beispiel.

gekauft   gesehen   gehört   gelesen …

⟨ Hast du etwas gekauft?

Nein, ich habe nichts gekauft. Hast du etwas gekauft? ⟩

Ja, ich habe etwas gekauft, zwei Zucker-Äpfel. Hast du etwas …? ⟩

3 Du bist toll!

🎧 4.74 **a** Hören Sie das Gespräch. Was kauft Eleni? Kreuzen Sie an.

 Ⓐ ☐    Ⓑ ☐    Ⓒ ☐    Ⓓ ☐

🎧 4.75–77 **b** Lesen Sie die Gespräche und ordnen Sie die Antworten zu. Hören Sie zur Kontrolle.

Dialog 1
● Ich möchte ein Lebkuchenherz, bitte.
○ Welches Herz gefällt Ihnen?

● ....

Dialog 2
● Eine Schokobanane, bitte.
○ Welche Banane möchten Sie? Die da oben?

● ....

Dialog 3
● Ich hätte gerne einen Zucker-Apfel.
○ Welchen Apfel möchten Sie?

● ....

ⓐ Nein, die da unten, bitte.   ⓑ Das da oben.   ⓒ Den hier, bitte.

c Ergänzen Sie die Tabelle.

Ⓖ

FOKUS	*welcher? welches? welche?* und *der, die, das*			
	Frage		**Antwort**	
Nominativ	● Welch**er** Apfel	gefällt Ihnen?	○ Mir gefällt **der** da.	
	● .... Herz	gefällt Ihnen?	○ Mir gefällt .... da.	
	● Welch**e** Banane	gefällt Ihnen?	○ Mir gefällt **die** da.	
Akkusativ	● .... Apfel	möchten Sie?	○ Ich möchte .... hier.	
	● Welch**es** Herz	möchten Sie?	○ Ich möchte **das** hier.	
	● .... Banane	möchten Sie?	○ Ich möchte .... hier.	

d Arbeiten Sie zu zweit. Zeichnen Sie Bilder-Paare. Legen Sie die Paare auf den Tisch. Fragen und antworten Sie.

< Welches Eis möchtest du?

Ich möchte das da. >

< Das kostet 2 €.

 2 €    5 €
 3 €    3,50 €

UND SIE?

Lesen Sie die Schrift auf den Lebkuchenherzen.
Schreiben Sie Texte für Lebkuchenherzen.

du	bist	nett
Papa/Mama	ist	so süß
unsere Chefin	sind	ein Schatz
unser Lehrer ...		fantastisch
		wunderbar
		mein Liebling
		der/die Beste(n)

Du bist die Beste!

< Welches Herz ist für mich?

Das da. >

4 Der Gewinn

a Wie finden Sie das? Lesen Sie die Redemittel, sehen Sie die Fotos an und sprechen Sie.

der Gartenzwerg   die Achterbahn   das Herz   der Teddy   das Sofa

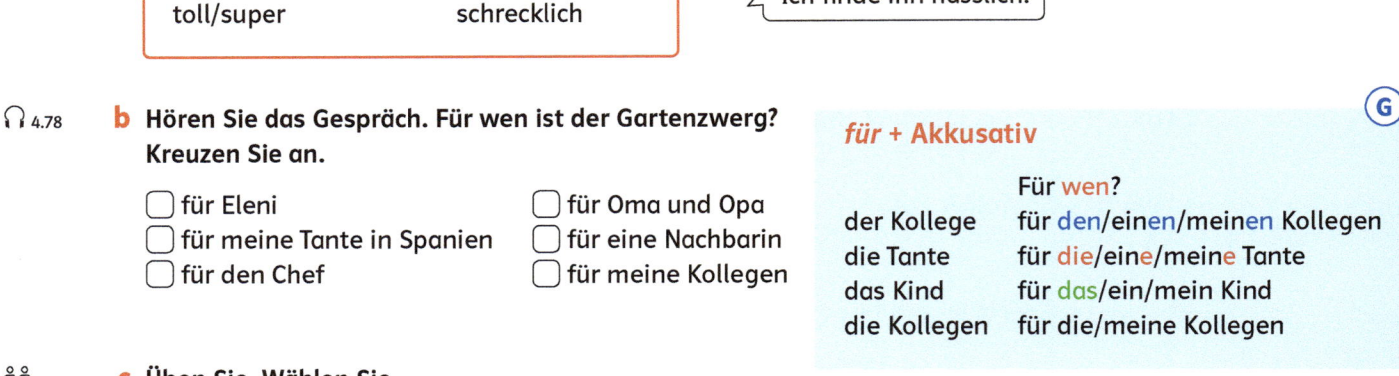

☺	☹
ganz o.k.	nicht so gut
schön	blöd
sehr schön	hässlich
toll/super	schrecklich

> Wie findest du den Gartenzwerg?

> Ich finde ihn ganz o.k.

> Ich finde ihn hässlich.

🎧 4.78 **b** Hören Sie das Gespräch. Für wen ist der Gartenzwerg? Kreuzen Sie an.

☐ für Eleni
☐ für meine Tante in Spanien
☐ für den Chef

☐ für Oma und Opa
☐ für eine Nachbarin
☐ für meine Kollegen

G

für + Akkusativ

	Für wen?
der Kollege	für den/einen/meinen Kollegen
die Tante	für die/eine/meine Tante
das Kind	für das/ein/mein Kind
die Kollegen	für die/meine Kollegen

c Üben Sie. Wählen Sie.

ein Kartenspiel

Schreiben Sie Karten mit Dingen und Personen. Ziehen Sie eine Person und ein Ding. Sprechen Sie.

oder

ein Ratespiel

Machen Sie Geschenke. Schreiben Sie auf die Vorderseite das Wort und auf die Rückseite den Empfänger. Fragen und antworten Sie.

die Schokolade   die Tochter

die Bücher   der Chef

das Foto   das Baby

der Teddy   die Kinder

> Für wen ist die Schokolade?

> Die Schokolade ist für meine Tochter.

Fußball

> Ist der Fußball für ein Kind?

> Nein.

> Ist er für einen Mann?

> Ja.

> Ist der Fußball für deinen Freund?

> Ja!

5 Ein Gartenzwerg für Doris

a Ordnen Sie 1–4 und schreiben Sie Pablos Brief.

1. gestern hast du meinen Computer repariert. Das war sehr nett!!! Du hast mir schon oft geholfen. Ich danke dir.

2. Viele Grüße
Pablo

3. Liebe Doris,

4. Du bist eine TOLLE Nachbarin! Der Gartenzwerg ist für dich. Er gehört dir ;-). Hoffentlich gefällt er dir.

Liebe Doris,

b Lesen Sie den Brief noch einmal. Schreiben Sie die Verben mit Dativ auf Karten.

helfen + D

Du hilfst mir.
Du hast mir geholfen.

c Doris schreibt Pablo ein E-Mail. Wo passen die Verben?

Lieber Pablo,

ich habe dir gerne ....

Ich .... dir sehr für den Gartenzwerg.

Er .... mir sehr gut.
Trinken wir morgen einen Kaffee zusammen?
Liebe Grüße
Doris

> Wem gehört der denn?

> Mir nicht.

♫ 4.79 **d** Aussprache: Die Konsonanten *b, d, g* und *p, t, k*. – Hören Sie und sprechen Sie nach.

1. Sie sprechen /b/ /d/ /g/ bitte • buchstabieren • das Baby • Danke. • an der Losbude • Ich möchte das da oben. • der Gewinn • gut • Ich gehe gerne in den Garten.

2. Sie sprechen /p/ /t/ /k/ Urlaub • lieb • Ab heute hab ich einen Job. • im Club • das Ticket • und • Das tut mir leid. • das Fahrrad • der Kaffee • der Tag • das Karussell

♫ 4.80 **e** Hören Sie die Wortpaare und sprechen Sie nach.

er mag – sie mögen • ab – aber • das Verb – die Verben • der Tag – die Tage • das Fahrrad – die Fahrräder

> *b d g* am Wortende und Silbenende spricht man *p t k*.

UND SIE?

Schreiben Sie einen kurzen Dankesbrief. Wählen Sie.

du	oder	Sie
Liebe Sonia,		*Sehr geehrte Frau Khan,*
vielen Dank für ...		*ich danke Ihnen sehr für ...*
Viele Grüße		*Mit freundlichen Grüßen*
Elli		*R. Flores*

6 Glück

🎧 4.81 **a** Was macht glücklich? Sammeln Sie und machen Sie einen Wortigel. Hören Sie dann und ergänzen Sie.

Freunde

Das macht glücklich.

b Eine Umfrage – Was macht Menschen glücklich? Lesen Sie die Antworten und Sprechblasen und ordnen Sie zu.

 **A** ☐
Ich höre immer Musik. So richtig laut. Und ich singe mit. Laut und falsch, aber das macht nichts.

 **B** ☐
Viele Leute sind arbeitslos, aber ich habe zum Glück eine Arbeit. Die Kollegen sind nett. Ich verdiene nicht schlecht.

 **C** ☐
Ich fahre so gerne Karussell. Und ich kaufe gerne Lose. Ich gewinne nicht, aber das macht nichts.

 **D** ☐
Meine Tanten sind lustig. Meine Eltern helfen mir oft mit Jonas und Anna. Meine Oma ist auch sehr lieb. Sie kann sehr gut backen. Heute kommen sie alle zu Besuch ☺!

 **E** ☐
Ich brauche Sonne. Ich sitze gerne in einem Café, esse ein Eis mit Sahne und beobachte die Menschen.

 **F** ☐
Urlaub in Kroatien, das ist nicht schlecht. Aber richtig entspannt und glücklich bin ich zu Hause. Ich zeichne und male. Fast alle meine Bilder habe ich Freunden geschenkt.

 **G** ☐
Die Arbeit und der Haushalt, also einkaufen, kochen, waschen, putzen, das ist alles kein Problem für mich. Aber in meinem Garten bin ich glücklich.

 **H** ☐
Was macht mich glücklich? Naja, Videospiele sind toll, Pizza schmeckt super ... Und Fußball natürlich! Ich lade Freunde ein und wir spielen zusammen.

Der Sommer gefällt mir sehr. ①

② Malen ist mein Hobby.

Ich bin mit meiner Arbeit zufrieden. ③

④ Ich finde Volksfeste einfach toll!

Meine Familie ist sehr wichtig für mich. ⑤

⑥ Videospiele finde ich super.

Ich liebe Musik. ⑦

⑧ Blumen sind mein Leben.

UND SIE?

a Was macht Sie glücklich? Machen Sie eine Liste für sich.

> ☺
>
> *Sport, Bregenz im Sommer, meine Freundin …*

b Sprechen Sie über Ihre Liste zu zweit. Präsentieren Sie Ihre Gemeinsamkeiten und Gegensätze dann einem anderen Paar.

> Ich finde … (nicht) toll/super/…   Ich auch (nicht).
> Ich mag/liebe … (nicht).   Ich auch (nicht). Aber …
> … macht mich (nicht) glücklich.   Mich auch (nicht).
> … gefällt mir (nicht) sehr.   Mir auch (nicht).
> … gefallen mir (nicht).   Mir schon. / Mir nicht.

Ich finde Bregenz toll.

Ich auch. Aber ich mag das Wetter nicht.

Wir beide …

Aber ich …

Er/Sie findet …

VORHANG AUF

K16

Schreiben Sie einen Text zu Ihrem Privatleben oder zu Ihrem Beruf. Die Beispiele helfen. Sammeln Sie dann die Texte und lesen Sie einen Text vor. Sie können auch ein Elfchen schreiben. Alle raten: Wer hat welchen Text geschrieben?

Privatleben

> *Unser Baby ist alles für mich. Es schreit. Es schläft nicht und ich bin so müde. Aber ich bin glücklich. Müde und glücklich.*

Beruf

> *Meine Arbeit gefällt mir. Ich mag meine Kollegen. Wir lachen viel. Nur mein Chef macht ein bisschen Stress. Aber das ist auch o.k.*

> **So funktioniert ein Elfchen:**
> 1 ein Wort
> 2 zwei Wörter
> 3 drei Wörter
> 4 vier Wörter
> 1 Wort
> ───────────
> 11 Wörter

Elfchen

> *Glück*
> *Kein Deutschkurs ;-)*
> *Ich schlafe lang.*
> *Ich ruf dich an.*
> *Sonntag*

ÜBUNGEN

1 Auf dem Volksfest

🎧 4.82–84 **Was ist richtig? Kreuzen Sie an: ⓐ, ⓑ oder ⓒ.**

1. Wann ist Herr Mayrhofer zu Hause?
    ⓐ Um 15:00 Uhr.
    ⓑ Um 17:30 Uhr
    ⓒ Um 18:00 Uhr.

2. Warum kommt Sonja nicht mit?
    ⓐ Sie mag keine Zuckerwatte.
    ⓑ Sie hat Besuch.
    ⓒ Sie muss lange arbeiten.

3. Was will Sascha?
    ⓐ Am Freitag nach Wels zum Volksfest fahren.
    ⓑ Lilly sein Auto geben.
    ⓒ Am Samstag mit Lilly ausgehen.

2 Vielleicht gewinne ich etwas!

a Welches Verb ist richtig? Markieren Sie und schreiben Sie Sätze.

1. vielleicht einen Fernseher besuchen/==gewinnen==/trinken

2. Lose spielen/essen/kaufen

3. Karussell fahren/kommen/gehen

4. ein Cola spielen/machen/trinken

5. Zuckerwatte essen/trinken/spielen

6. eine Niete kochen/essen/haben

> *1. Vielleicht gewinne
> ich einen Fernseher.*

b *Alles*, *etwas*, *nichts*? Ordnen Sie die Bilder den Sprechblasen zu.

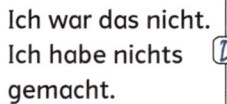

Ⓐ Ich war das nicht. Ich habe nichts gemacht. Ⓓ

Ⓑ Ich will nicht nach Hause gehen. Ich habe noch nichts gewonnen.

Ⓒ Willst du das alles essen?

Ⓓ Suchst du etwas?

c Ergänzen Sie *etwas* oder *nichts*.

1. ● Habt ihr _etwas_ gegessen?
    ○ Ja, wir haben .... gegessen: ein Paar Würstel.

2. ● Habt ihr .... gekauft?
    ○ Doch, wir haben .... gekauft: fünf Lose.

3. ● Hast du .... gewonnen?
    ○ Nein, ich habe leider .... gewonnen.

4. ● Habt ihr auch .... getrunken?
    ○ Nein, wir haben .... getrunken.

3 Du bist toll!

a Ergänzen Sie die Artikel.

die Tasche

.... Fernseher

.... Paar Würstel

.... Blumen

.... Apfel

.... Lebkuchenherz

b Ergänzen Sie die Fragen wie im Beispiel. Nehmen Sie die Wörter aus den Bildern in 3a.

1. Welche _Tasche_ .... gehört dir? Die da.

2. Welches .... gefällt dir? Das da.

3. Welcher .... schmeckt dir? Der da.

4. .... gefällt dir? Der da oben.

5. .... schmeckt dir? Das da.

6. .... gefallen dir? Die da unten.

c Schreiben Sie die Fragen.

1. Computer? _Welchen Computer kaufst du?_ .... Ich kaufe einen Laptop.

2. Zeitung? .... Ich lese keine Zeitung.

3. Volksfest? .... Ich mag das Volksfest in Wien.

4. Weckerl? .... Ich nehme das Käseweckerl da.

5. Tasche? .... Die hier. Das Rot gefällt mir.

🎧 4.85–86 **d** Ergänzen Sie Dialog 1 und 2. Hören Sie zur Kontrolle. Schreiben Sie selbst einen Dialog.

● _Was möchten Sie?_
○ _Ich möchte ..._

Dialog 1
● Was möchten Sie?

○ Ich möchte einen Saft, bitte.

● Apfelsaft oder Orangensaft?
  Welch............ Saft möchten Sie?

○ Den Orangensaft. Und ein
  Paar Würstel, bitte.

● .... hier?

○ Nein, lieber .... da.

● Ist das alles?

○ Ja, danke.

Dialog 2
● Was möchten Sie?

○ Ich möchte ein Lebkuchenherz, bitte.

● Welch............ Lebkuchenherz möchten Sie?

○ .... da.

● Noch etwas?

○ Ja, eine Schokobanane, bitte.

● .... hier?

○ Nein, ... da. Das ist alles.

● Das macht 4,50 €, bitte.

4 Der Gewinn

4.87–90 **a Wie finden die Personen das? Hören Sie. Kreuzen Sie an: ⓐ, ⓑ oder ⓒ.**

1. Der Film ist …
   ⓐ schön.
   ⓑ super.
   ⊠ schlecht.

2. Das Geschenk ist …
   ⓐ groß.
   ⓑ fantastisch.
   ⓒ teuer.

3. Die Musik ist …
   ⓐ schrecklich.
   ⓑ leise.
   ⓒ gut.

4. Das Buch ist …
   ⓐ schlecht.
   ⓑ nicht lustig.
   ⓒ sehr schön.

b Welche Antwort passt? Verbinden Sie.

1. Hier, die Blumen sind für dich!
2. Magst du das Volksfest?
3. Gefällt dir das Wetter in Österreich?
4. Kommst du ins Kino mit?
5. Isst du gerne Zuckerwatte?
6. Gefallen dir Gartenzwerge?

a) Ja, klar! Ich finde das Fest wunderbar.
b) Ja, sie ist ein bisschen süß, aber nicht schlecht.
c) Nein, ich habe den Film schon gesehen. Er ist schön.
d) Sie sind ganz o.k., aber ich habe keinen Garten.
e) Die Blumen sind ja fantastisch! Danke.
f) Ich finde es schrecklich. Es ist zu kalt!

c Für wen ist das? Schreiben Sie Fragen und Antworten.

~~Lebkuchenherz~~   Handy

Geschenke   Fußball

Schokolade   Blumen

Computer   Teddy

~~meine Freundin~~   mein Sohn

mein Vater   meine Kolleginnen

mein Kollege   mein Chef

mein Deutschkurs   meine Nachbarn

1. Für wen ist das Lebkuchenherz?   Für meine Freundin.

5 Ein Gartenzwerg für Doris

a Lesen Sie das E-Mail und beantworten Sie die Fragen.

Liebe Doris,
ich danke dir für dein E-Mail! Gestern war ich mit Igor auf dem Volksfest. Es hat mir sehr gefallen. Wir hatten viel Spaß. Wir sind Karussell und Achterbahn gefahren. Wir haben Pommes gegessen und Cola getrunken. Igor hat Lose gekauft und einen Teddy gewonnen! Den Teddy hat er mir geschenkt. So süß! Kommst du am Samstag zum Abendessen? Wir können zusammen kochen. Kannst du schon um 18 Uhr kommen? Und dann können wir einen Film sehen ☺.
Ach ja, ich habe hier eine Brille gefunden. Gehört sie dir?
Liebe Grüße
Barbara

1. Was haben Barbara und Igor auf dem Volksfest gemacht?
2. Was hat Barbara von Igor bekommen?
3. Was möchte Barbara mit Doris am Samstag machen?
4. Was hat Barbara gefunden?

Barbara und Igor sind Karussell und Achterbahn gefahren.

b Ergänzen Sie die Personalpronomen im Dativ.

1. du – Ich danke .... für die Blumen.

2. sie – Ich habe .... den Teddy geschenkt.

3. er – Gehört die Brille ....?

c Beantworten Sie das E-Mail in 5a. Schreiben Sie Sätze zu folgenden Punkten.

Dank für die Einladung

Was bringen Sie mit?

Wann kommen Sie?

Brille?

Liebe Barbara,
ich danke dir ...

d Singular oder Plural? Schreiben Sie Sätze oder Fragen mit den Verben in der richtigen Form.

1. die Gartenzwerge / mir / gehören / .   *1. Die Gartenzwerge gehören mir.*

2. der Gartenzwerg / dir / gefallen / ?   ....

3. die Lose / dir / gehören / ?   ....

4. nur ein Los / mir / gehören / .   ...

5. der Deutschkurs / euch / gefallen / ?   ....

e Personalpronomen im Dativ – Ergänzen Sie.

● Warten Sie. Ich helfe

  Ihnen...........!

○ Das ist nett. Ich danke

  ....

● Hier, das ist für dich.

○ Ich danke ....!

● Gefällt ....

  das Auto?

○ Ja, er findet es super.

● Was schenkst du deiner

  Freundin zum Geburtstag?

○ Ich glaube, ich schenke

  .... ein Parfüm.

● Gehören die Fahrräder

  ....?

○ Nein, die gehören

  .... nicht.

● Gib .... sofort

  den Schlüssel zurück.

○ Nein!

f Aussprache: Hören Sie. Markieren Sie die Silben wie im Beispiel. Sprechen Sie nach. ♩ 4.91

1. Gar|ten|zwerg
2. Riesenrad
3. Losbude

4. langweilig
5. Achterbahn
6. Semmel

7. Volksfest
8. einladen
9. Samstag

10. fernsehen
11. glücklich
12. Karussell

6 Glück

🎧 4.92–94 **a** Hören Sie. Sind die drei Personen glücklich oder nicht? Kreuzen Sie an: ⓐ oder ⓑ.

Anne

Günther

Luis

1. ⓐ glücklich
   ⓑ nicht glücklich

2. ⓐ glücklich
   ⓑ nicht glücklich

3. ⓐ glücklich
   ⓑ nicht glücklich

🎧 4.92–94 **b** Hören Sie noch einmal. Schreiben Sie zwei Sätze zu Anne, Günther und Luis.

~~will bald heiraten~~   hat viel Zeit   hat einen neuen Job gefunden   macht gerne Sport

will in einer Werkstatt arbeiten   findet keine Arbeit

Anne *will bald heiraten.* ....

Sie ....

Günther ....

....

Luis ....

....

c Und Sie? Antworten Sie mit ☺ oder ☹.

	☺ Mir auch. / Mir schon.	☹ Mir auch nicht. / Mir nicht.
1. Fußball gefällt mir.	*Mir auch.*	
2. Fleisch schmeckt mir nicht.		*Mir auch nicht.*
3. Das Volksfest gefällt mir.		
4. Die Farbe Rot gefällt mir gut.		
5. Zuckerwatte schmeckt mir nicht.		
6. Schach gefällt mir nicht.		
7. Reisen macht mir Spaß.		
8. Bier schmeckt mir nicht.		
9. Musik gefällt mir.		
10. Gartenzwerge gefallen mir nicht.		
11. Kaffee schmeckt mir nicht.		
12. Radfahren macht mir Spaß.		

d Was macht Sie glücklich? Schreiben Sie fünf Sätze.

Urlaub   Freizeit   Eltern   Geld   Autos   Sport   Volksfeste

Gesundheit   meine Familie   meine Freunde   Musik   meine Arbeit   ...

Ich liebe ...	... finde ich super.
Ich mag ...	... gefällt/gefallen mir sehr.
	... ist mein Hobby.
	... macht/machen mich glücklich.
	... ist/sind sehr wichtig für mich.
	... ist/sind mein Leben.

Urlaub macht mich glücklich.
Ich liebe ...

LEICHTER LERNEN

Lesen Sie Texte im Alltag, z. B. Schilder, Plakate, deutschsprachige Internetseiten.

RICHTIG SCHREIBEN: Wörter mit *ä*

a Welche Wörter passen zusammen? Notieren Sie Wortpaare.

~~Länder~~   Apfel   waschen   Tag   gefällt   Gäste
Hand   fahren   schlafen   Sätze   fährt
Männer   Mann   täglich   ~~Land~~   Wäsche
Hände
Gast   Satz   jährlich   schläft   gefallen   Äpfel   Jahr

Land – Länder

b Ergänzen Sie die Sätze: *a* oder *ä*.

1. Alina f__hrt j__hrlich im M__rz mit ihrem M__nn nach D__nemark.

2. Das L__nd gef__llt ihnen sehr. Sie f__hren jeden T__g mit dem F__hrrad.

3. Im Hotel sind G__ste aus Schweden, Finnl__nd, Deutschl__nd und vielen __nderen L__ndern.

4. Alina schl__ft n__chts sehr gut und steht sp__t auf.

🎧 4.95 **c** Hören Sie zur Kontrolle.

Mein Deutsch nach Kapitel 16

Das kann ich:

sagen, was mir gefällt und was mir nicht gefällt	 	**Sprechen Sie.**

Sprechen Sie.

Wie findest du den Gartenzwerg?

Ich finde ihn … Und du?

---

kurze Einkaufsgespräche führen

Sprechen Sie.

- ● Was möchten Sie, bitte?
- ○ Ein Paar Würstel, bitte.
- ● Welch........ möchten Sie?
- ○ Das da.
- ● Möchten Sie noch etwas?
- ○ …

---

sagen, für wen etwas ist

Sprechen Sie den Dialog.

- ● Für … ist das Eis?
- ○ Hier, das ist für …
- ● Ich danke …

---

einen Dankesbrief schreiben

Eine Freundin hat Ihnen eine Karte für ein Konzert geschickt. Schreiben Sie einen Dankesbrief.

> Liebe …,
>
> Vielen Dank …
>
> Ich …
>
> Viele Grüße
>
> …

---

erzählen, was mich glücklich macht

Erzählen Sie.

Ich finde … toll.

Ich mag …

… gefällt mir sehr.

… macht mich glücklich.

www → A1/K16

Das kenne ich:

Ⓖ

unbestimmte Pronomen *alles*, *etwas*, *nichts*

- ● Hast du etwas gegessen?
- ○ Nein, ich habe noch nichts gegessen? Und du?
- ● Meine Frau hat gekocht. Ich habe alles gegessen.

für + Akkusativ

	Für wen?
der Kollege	für den/einen/meinen Kollegen
das Kind	für das/ein/mein Kind
die Tante	für die/eine/meine Tante
die Kollegen	für die/–/meine Kollegen

Frageartikel *Welcher? Welches? Welche?*

Nominativ		Akkusativ	
Nominativ	Welcher Apfel?	Akkusativ	Welchen Apfel?
	Welches Herz?		Welches Herz?
	Welche Banane?		Welche Banane?

Demonstrativartikel *der, das, die*

Nominativ		Akkusativ	
Nominativ	Der da.	Akkusativ	Den hier.
	Das da.		Das hier.
	Die da.		Die hier.

HALTESTELLE

Station 1   **a** Sammeln Sie Wörter und Sätze zu den Bildern.

b Noch mehr? Schreiben und spielen Sie kurze Dialoge zu den Bildern.

Station 2   **a** Schreiben Sie Kärtchen mit Verben und Uhrzeiten. Ziehen Sie Kärtchen und machen Sie Sätze: Was haben Sie am Montag gemacht?

trinken   lesen   backen   treffen   spielen   fahren

essen   helfen   schlafen   kaufen   arbeiten …

> Um acht Uhr bin ich in die Sprachschule gefahren.

b Noch mehr? Machen Sie das auch mit anderen Tagen, zum Beispiel *Samstag* oder *Sonntag*.

Station 3   **a** Reagieren Sie auf die Einladung.

1. Sprechen Sie auf Ahmeds Anrufbeantworter.
2. Sie treffen Ahmed im Büro. Spielen Sie einen Dialog.
3. Schreiben Sie ein E-Mail.

Liebe Kolleginnen und Kollegen,
jetzt arbeite ich schon fünf Jahre hier – das müssen wir feiern!
Wo? – Am Freitag um 17 Uhr in der Kantine!
Es gibt Kuchen und Getränke. Aber ich habe eine Bitte: Bringt eure Lieblingsmusik mit!
Dann können wir tanzen ☺.
Liebe Grüße, Ahmed

b Noch mehr?

Diktieren Sie sich gegenseitig die Einladung.    **oder**   Schreiben Sie mit den folgenden Stichworten eine Einladung.

unsere Wohnung • fertig • feiern •
Sonntag 15 Uhr • Kinder mitbringen

Station 4   **a** Schreiben und zeichnen Sie Memory-Karten.    **oder**   Schreiben Sie das Wort auf zwei Karten, einmal im Singular, einmal im Plural. Spielen Sie Memory.

das Museum • das Rathaus • der Marktplatz • der Bahnhof • die Schule •
die Bäckerei • die Bank • die Post • das Café • das Theater • der Park

b Noch mehr? Machen Sie ein Memory zu einem anderen Thema, zum Beispiel *Essen* oder *Freizeit*. Spielen Sie.

Station 5

a Hören Sie den Dialog und notieren Sie die fehlenden Informationen 1–7.

● Ordination Dr. Hauff, guten Tag?

○ Guten Tag, mein Name ist (1) _Gruber_____, ich brauche (2) _____ einen Termin, bitte.

● Das geht leider nicht. Am Freitag (3) _____ ist ein Termin frei.

○ Aber ich habe Schmerzen. (4) _____ tut sehr weh.

● Gut, dann kommen Sie heute (5) _____. Aber Sie müssen dann warten.

○ Ja, kein Problem.

● Waren Sie schon einmal hier in der Ordination?

○ Ja, (6) _____.

● Gut. Dann bis (7) _____.

○ Danke und auf Wiederhören.

Mein Knie • ~~Gruber~~ • um 11 Uhr • heute • vor zwei Monaten • um 16 Uhr • später

b Noch mehr? Sprechen Sie den Dialog zu zweit. Sie können auch variieren.

Station 6

a Schreiben Sie jeweils die zwei halben Sätze auf Zettel und spielen Sie Domino.

denn ich will in Österreich studieren.	Ich finde meine Arbeit toll,
denn meine Tochter ist krank.	Ich muss sehr gut Deutsch lernen,
denn meine Chefin ist sehr nett.	Ich muss zu Hause bleiben,
denn ich habe Geburtstag.	Ich möchte bald ein Fest feiern,
denn ich habe mich verliebt.	Ich möchte hierbleiben,

denn ich will in Österreich studieren.   *Ich finde meine Arbeit toll,*

b Noch mehr? Machen Sie selbst ein Domino, zum Beispiel zum Thema *Familie* oder zu Adjektiven.

Opa • Onkel   Tante • Schwester   laut • billig   teuer • modern

Station 7

a Wie lernen Sie Deutsch? Erzählen Sie. Schreiben Sie dann Ihre Lerntipps auf Karten. Sammeln Sie im Kurs.

Ich wiederhole regelmäßig.

Lernkarten finde ich sehr gut.
Ich habe ganz viele zu Hause.

Und ich spreche viel mit meinen Kollegen.

b Noch mehr? Was möchten Sie lernen? Schreiben Sie drei Sätze.

Station 8

a Ergänzen Sie die Mindmap zum Thema *Glück*. Sprechen Sie dann.

Arbeit: nette Kollegen

Glück

Meine Kollegen sind sehr nett!

b Noch mehr? Machen Sie eine Mindmap zu einem anderen Thema, zum Beispiel zu *Gesundheit* oder *Sport*.

TESTTRAINING

→ Lesen Sie immer den ganzen Satz.

→ Sie müssen nicht jedes Wort verstehen.

→ Was passt: a oder b? Nur 1 Wort ist richtig.

→ Lesen Sie ganz leise und probieren Sie: Was klingt richtig?

→ Kreuzen Sie immer etwas an.

1 Sprachbausteine (1)

Lesen Sie die Texte und kreuzen Sie die richtige Lösung (a oder b) an.

Sehr geehrter Herr Bauer,

vielen Dank, dass Sie Ihre Reise bei uns gebucht ......1.......

Sie können ......2...... Tickets bei uns im Reisebüro abholen. Wir haben auch ......3...... Samstag

bis 18 Uhr geöffnet.

Nächste Woche ......4...... ich nicht im Reisebüro, weil ich Urlaub habe. Meine Kollegin,

Frau Gruber wird Ihnen die Reiseunterlagen geben.

Wir ......5...... Ihnen eine gute Reise.

Mit freundlichen Grüßen

Gerda Nowak

1	a haben	2	a Ihre	3	a um	4	a ist	5	a wünschen
	b hat		b deine		b am		b bin		b wünscht

Sehr geehrte Frau Nowak,

vielen Dank für ......6...... Tickets. Ich werde sie nächste Woche abholen.

Ich habe noch zwei ......7...... zum Hotel: Gibt es einen Haarfön oder ......8...... wir einen mitnehmen?

In Madrid wollen wir ......9...... Auto mieten. Kann man das bei Ihnen im Reisebüro machen?

Wir freuen uns schon ......10...... unsere Reise und wünschen auch Ihnen einen schönen Urlaub.

Freundliche Grüße

Erich Bauer

6	a das	7	a Fragen	8	a müssen	9	a eine	10	a auf
	b die		b Antworten		b musst		b ein		b nach

2 Tipps für die Prüfung

Ordnen Sie die Illustrationen den Tipps „Vor der Prüfung" zu.

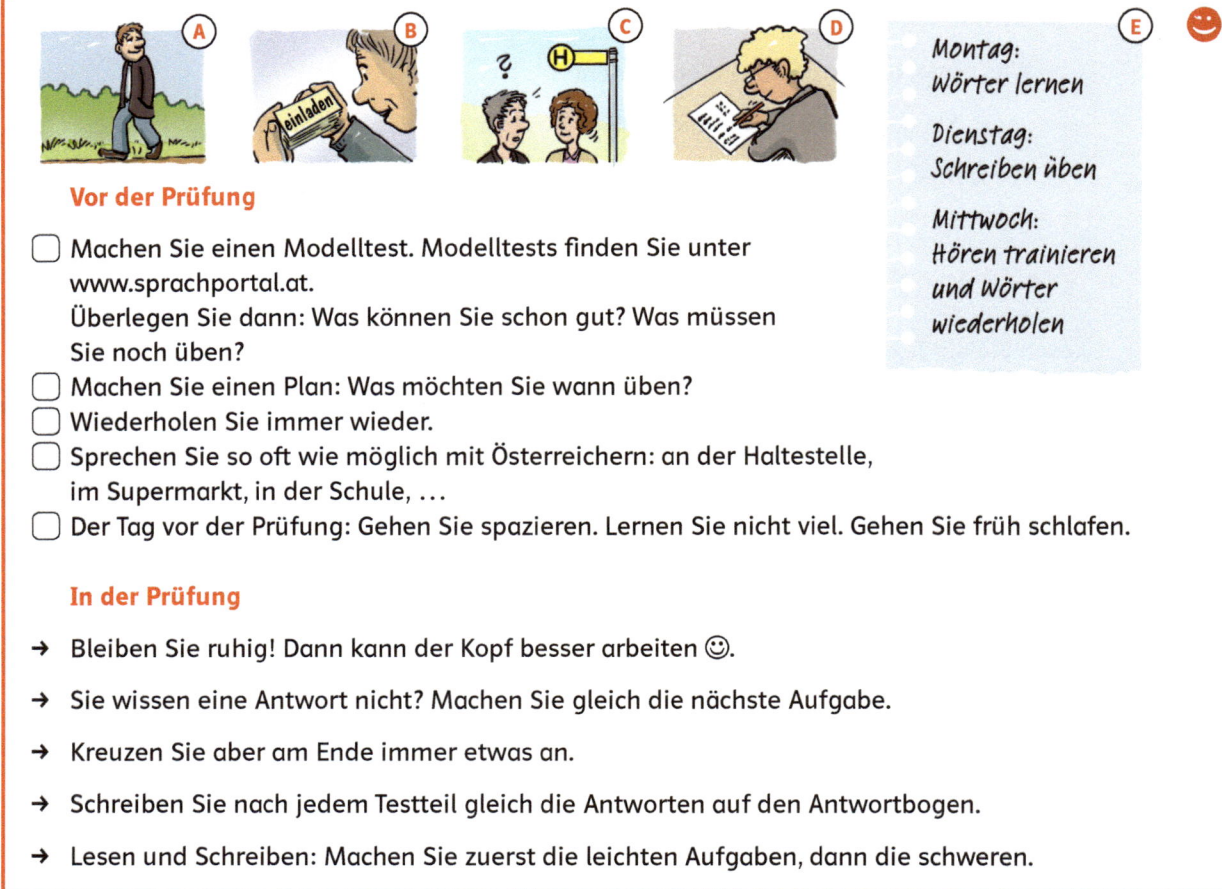

Vor der Prüfung

☐ Machen Sie einen Modelltest. Modelltests finden Sie unter
www.sprachportal.at.
Überlegen Sie dann: Was können Sie schon gut? Was müssen
Sie noch üben?

☐ Machen Sie einen Plan: Was möchten Sie wann üben?

☐ Wiederholen Sie immer wieder.

☐ Sprechen Sie so oft wie möglich mit Österreichern: an der Haltestelle,
im Supermarkt, in der Schule, …

☐ Der Tag vor der Prüfung: Gehen Sie spazieren. Lernen Sie nicht viel. Gehen Sie früh schlafen.

In der Prüfung

→ Bleiben Sie ruhig! Dann kann der Kopf besser arbeiten ☺.

→ Sie wissen eine Antwort nicht? Machen Sie gleich die nächste Aufgabe.

→ Kreuzen Sie aber am Ende immer etwas an.

→ Schreiben Sie nach jedem Testteil gleich die Antworten auf den Antwortbogen.

→ Lesen und Schreiben: Machen Sie zuerst die leichten Aufgaben, dann die schweren.

Umgang mit Geld

1 Preise und Geld

a Wie kann man in Österreich bezahlen? Was kennen Sie? Kreuzen Sie an.

A ☐   B ☐   C ☐   D ☐

mit der Kreditkarte   mit der Bankomatkarte   mit einer Überweisung   bar

b Sie möchten in Österreich bargeldlos bezahlen (Fotos A bis C). Was brauchen Sie?
Kreuzen Sie an und sprechen Sie.

☐ ein Handy   ☐ einen Pass   ☐ eine Bankomatkarte   ☐ eine Kreditkarte

☐ eine Arbeit

☐ eine E-Mail-Adresse   ☒ ein Bankkonto   ☐ eine Wohnung

> Man braucht ein Bankkonto.

c Wie viel kostet das in Österreich? Wie bezahlen Sie das? Ergänzen und vergleichen Sie.

ein Fahrrad .... €   ein Liter Milch .... €

eine Busfahrkarte zur Schule .... €

ein Anorak .... €   ein Deutschkurs .... €

2 Wie teuer ist Österreich?

Und wie viel kostet ... in Österreich? Ergänzen Sie.

Der Deutschkurs kostet   .... € pro Monat

Essen und Getränke kosten   .... € pro Monat

Ein Handyvertrag kostet   .... € pro Monat

Die Miete kostet   .... € pro Monat

...

UND SIE?

Was kaufen Sie jeden Monat?
Was müssen Sie jeden Monat
bezahlen? Machen Sie eine Liste
und sprechen Sie.

Unsere Kosten:
die Miete
die Fahrkarten
...

> Jeden Monat müssen wir
> die Miete bezahlen und ...

Geld verdienen

1 Arbeit und Leistung

a Warum möchten Sie arbeiten? Sammeln Sie.

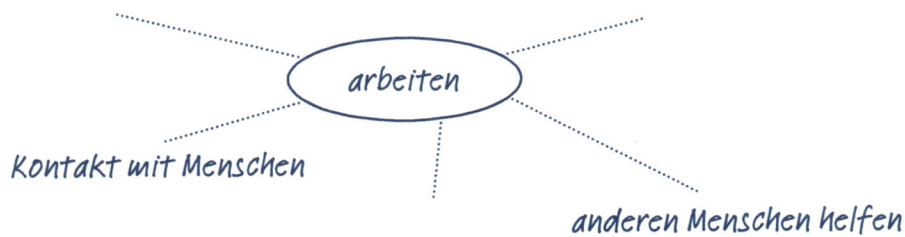

Kontakt mit Menschen

arbeiten

anderen Menschen helfen

b Lesen Sie den Text. Kreuzen Sie an: richtig oder falsch?

> **Steuern und Abgaben (Arbeitslosenversicherung und Pensionsversicherung)**
>
> Was bedeutet „Steuern und Abgaben"? Das ist Geld, das der Staat von den Menschen im Land bekommt. Wer eine Arbeit hat, muss Steuern bezahlen. Der Staat bezahlt mit diesem Geld Straßen, Kindergärten, Schulen, Krankenhäuser und vieles mehr. Der Staat hilft mit diesem Geld auch Menschen ohne Arbeit und alten Menschen. So funktioniert das Sozialsystem.

	R	F
1. Steuern und Abgaben sind Geld für den Staat.	☐	☐
2. Alle müssen Steuern und Abgaben bezahlen.	☐	☐
3. Der Staat bezahlt mit den Steuern Straßen, Schulen usw.	☐	☐

c Das Sozialsystem – Lesen Sie den Text in Aufgabe 1b noch einmal. Was kennen Sie? Was ist für Sie neu? Sprechen Sie.

> Der Staat hilft Menschen ohne Arbeit und alten Menschen. Das finde ich gut.

> Ich arbeite und brauche diese Hilfe nicht.

2 Arbeit ist wichtig.

Warum ist Arbeit wichtig? Sammeln Sie Ideen.

Geld verdienen

Ferien machen

Karriere machen

Steuern bezahlen

UND SIE?

Vergleichen Sie Ihre Ideen aus Aufgabe 2. Sprechen Sie.

> Ich arbeite und zahle Steuern. Mit den Steuern zahlt der Staat die Schule für meine Tochter.

> Ich arbeite und gebe das Geld meiner Familie.

Werte- und Orientierungswissen

MITEINANDER LEBEN UND ARBEITEN F

Einen Beruf lernen

1 Lehrberufe

a Die Personen auf den Fotos lernen einen Beruf. Welche Lehrberufe sehen Sie? Schreiben Sie wie im Beispiel.

Automechaniker   Maurer   Koch   Tischler   Bäckerin   Verkäuferin

1. der Koch, die Köchin
2. ....
3. ....
4. ....
5. ....
6. ....

b Welche Lehrberufe kennen Sie noch? Sprechen Sie.

c Lesen Sie den Text über Lehrberufe. Was ist neu für Sie? Sprechen Sie.

In Österreich gibt es 250 Lehrberufe. Man lernt einen Lehrberuf in einer Lehre. Eine Lehre funktioniert so: Die Schülerinnen und Schüler (Lehrlinge) besuchen eine Schule (die Berufsschule) und arbeiten auch in einer Firma. Eine Lehre dauert zwei bis vier Jahre. Mit 15 Jahren beginnen viele Jugendliche eine Lehre. Am Ende machen sie eine Prüfung und sind Facharbeiterinnen oder Facharbeiter.

2 Deutsch ist wichtig für meinen Beruf.

Warum braucht man Deutsch für den Beruf? Sammeln Sie Ideen und sprechen Sie.

mit Kollegen sprechen und Kollegen verstehen
mit der Chefin / dem Chef sprechen
...

Ich möchte telefonieren.

Ich möchte E-Mails schreiben.

Deutsch lernen

1 Meine Sprachen

a Woher kommen Sie? Welche Sprachen sprechen Sie? Stellen Sie die Fragen im Kurs und machen Sie eine Kursliste.

> Ich komme aus Syrien.
> Meine Muttersprache ist Arabisch.
> Ich spreche noch Englisch.

> Ich komme aus …
> Meine Muttersprache ist …
> Ich spreche noch …

Name	Herkunft	Muttersprache	außerdem
Asmira	aus Syrien	Arabisch	Englisch, ein bisschen Deutsch
Zoltan	aus …		

b Welche Sprachen gibt es in Österreich? Was ist die Staatssprache? Wo spricht man die Staatssprache?

> Beim Arzt spreche ich …

> In der Bank …

> In der Schule …

> Mit meiner Familie spreche ich …

> Beim AMS …

> Im Kindergarten spricht man …

> Mit meinen Freunden …

> Im Krankenhaus …

> …

2 So lerne ich Deutsch.

a Warum lernen Sie Deutsch? Sammeln Sie im Kurs.

	sehr wichtig 1	2	teilweise 3	4	unwichtig 5
Ich will E-Mails, SMS und WhatsApp schreiben.					
Ich will in Österreich arbeiten.					
Ich will Informationen verstehen.					
Ich will mit Menschen sprechen.					
Ich will mit Verkäufern sprechen.					
…					

b Wie wichtig sind die Gründe in Aufgabe 2a? Markieren Sie: *sehr wichtig* (1) bis *unwichtig* (5).

c Wie und wo lernen Sie Deutsch? Schreiben Sie auf Karten.

> im Deutschkurs

> am Arbeitsplatz

> mit dem Wörterbuch

> im Internet

> …

UND SIE?

Sie lernen Deutsch. Welche Vorteile haben Sie?

> Ich spreche selbst mit dem Arzt.

Werte- und Orientierungswissen

Bildung und Sprache Vorteile des Deutschlernens

Gesund leben und fit bleiben

1 So bleibe ich gesund und fit.

a Vorsorge – Sehen Sie die Fotos an. Ordnen Sie die Begriffe den Fotos zu.

zur Vorsorgeuntersuchung gehen ...D.... • lesen .... • Sport machen .... • Schach spielen .... •

viel Wasser trinken ....

b Und wie bleiben Sie gesund? Sammeln Sie weitere Ideen.

Ich fahre viel Rad.   Ich rauche nicht mehr!   Ich esse viel Gemüse.   ...

2 Das Gesundheitssystem

Wie funktioniert das Gesundheitssystem in Österreich? Wie finden Sie es? Lesen Sie den Text und sprechen Sie.

In Österreich geht man mit einer E-Card kostenlos zum Arzt. Wer zahlt aber die Arztkosten? Es gibt ein Gesundheitssystem: Alle Menschen, die arbeiten, zahlen in eine Krankenversicherung ein. Mit diesen Abgaben bezahlt der Staat die Kosten für Medikamente, für die Ärzte, für Operationen usw. Mit Ihrer E-Card können nur Sie selbst zum Arzt gehen. Sie können Ihre E-Card nicht Ihrem Bruder oder Ihrer Schwester geben. Der Arzt braucht von Ihnen auch einen Lichtbildausweis.

3 Notfälle

a Was ist ein Notfall? Sehen Sie die Fotos an und kreuzen Sie an.

      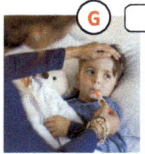 

A	B	C	D	E	F	G	H
Jemand hat einen Autounfall.	Jemand ist sehr erkältet.	Ein Mann schlägt eine Frau.	Es gibt Feuer.	Jemand ist verletzt.	Das Geld ist weg.	Das Kind ist krank.	Der Fuß ist gebrochen.

b Wann rufen Sie welche Nummer an? Ordnen Sie die Situationen mit ☒ aus Aufgabe 3a den Nummern zu.

 Rettung: 144 ....

 Feuerwehr: 122 ....

 Polizei: 133 ....

 Frauennotruf: 0800222555 ....

Werte- und Orientierungswissen

Gesundheit Gesundheitssystem als Solidaritätsprinzip und allgemeine Informationen zum Gesundheitssystem;
Hausarzt geht vor Krankenhaus – außer im Notfall; Gesundheit und Eigenverantwortung, Vorsorge und Prävention   269

Am Arbeitsplatz

1 Frauen und Männer am Arbeitsplatz

a Was sehen Sie? Welche Berufe haben die Personen? Sprechen Sie.

b Sprechen Sie über die Fotos. Was machen Frauen? Was machen Männer?

> Auf Foto A sind Telefonistinnen und Telefonisten.
> Sie telefonieren und sind freundlich.

Frauen und Männer können den gleichen Beruf haben.

2 Chefinnen und Chefs

Lesen Sie das E-Mail von Haisas an Eleni. Beantworten Sie die Fragen.

Liebe Eleni,

heute ist mein erster Arbeitstag. Ich arbeite in einer Baufirma
in Wien als Büroassistent. Die Firma arbeitet auf der ganzen
Welt. Man spricht Deutsch und Englisch. Manchmal spreche
ich Arabisch. Ich habe eine gute Chefin. Ich habe die Stelle
bekommen, weil ich gut Deutsch spreche. Ich lerne schnell
und bin pünktlich.
Ich hoffe, wir sehen uns bald – dann erzähle ich dir mehr.

Liebe Grüße
Haisas

Wo arbeitet Haisas?

Was macht Haisas?

Hat Haisas einen Chef oder
eine Chefin?

UND SIE?

Ihr Chef ist eine Frau! Wie finden Sie das? Sprechen Sie.

Werte- und Orientierungswissen

Bildung und Sprache (Lehr-)Berufe | Gleichberechtigung im Bildungssystem

MITEINANDER LEBEN UND ARBEITEN H

Ein Leben lang lernen

1 Was und wo lernen wir?

a Kindergartenpflicht und Schulpflicht – Wann und wo lernen Kinder, Jugendliche und Erwachsene? Ergänzen Sie.

einen Schulabschluss   9   3   ein Leben lang   gemeinsam   6

1. Mädchen und Buben können ab .... Jahren in den Kindergarten gehen.

2. Mädchen und Buben müssen ab .... Jahren in die Schule gehen.

3. Mädchen und Buben besuchen .... den Unterricht.

4. Kinder und Jugendliche müssen .... Jahre in die Schule gehen.

5. Auch Erwachsene können .... machen.

6. Menschen lernen ....

b Gibt es in anderen Ländern auch Kindergarten- und Schulpflicht? Was ist für Sie neu? Was ist anders? Sprechen Sie.

2 Die Eltern sprechen mit!

a Im Kindergarten – Lesen Sie die Dialogteile und ordnen Sie die Fragen den Antworten zu.

1. Was kann ich für das Kindergartenfest tun?
2. Trinkt meine Tochter genug?
3. Mein Sohn ist heute krank. Können Sie bitte die Erzieherin informieren?

a) Ja, die Kinder bekommen jeden Tag eine Flasche Wasser.
b) Ja, mache ich gerne. Wann kommt er wieder?
c) Sie können einen Kuchen backen.

b In der Schule – Lesen Sie die Karten und spielen Sie. Eine Person ist Mutter oder Vater, eine Person ist Lehrer oder Lehrerin.

> **A** Ihre Tochter ist sehr lebendig. Sie wollen wissen: Bleibt sie im Unterricht auf ihrem Sessel sitzen?

> **B** Ihr Sohn hat eine schlechte Note in Deutsch bekommen. Sie wollen wissen: Wie kann er in Deutsch besser werden?

> **C** Ein Schüler hat einem Mitschüler wehgetan. Sie informieren die Eltern.

> **D** Eine Schülerin ist eine Woche nicht in die Schule gekommen. Sie informieren die Eltern.

> Guten Tag, Frau Lehrerin. Darf ich Sie etwas fragen: ...

> Guten Tag, ... Ihr Sohn / Ihre Tochter ...

UND SIE?

In Österreich müssen Kinder in den Kindergarten und in die Schule gehen. Eltern müssen dabei mithelfen. Wie finden Sie das? Sprechen Sie.

Werte- und Orientierungswissen

Bildung und Sprache Vorteile des Deutschlernens; Gleichberechtigung im Bildungssystem; Schulpflicht und Kindergartenpflicht in Österreich und die Mitwirkungspflicht der Eltern

271

Ich habe gelernt und lerne dazu.

1 Neues Wissen: Religionsfreiheit

a Welche Religionen kennen Sie? Kennen Sie weitere? Kreuzen Sie an und sprechen Sie dann.

 A ☐  B ☐  C ☐  D ☐  E ☐ 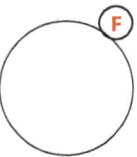 F

 In Österreich gibt es Religionsfreiheit. Jeder Mensch ab 14 Jahren darf seine Religion selbst wählen. Man darf seine Religion wechseln und man darf auch keine Religion haben.
Nur die Regeln vom Staat gelten für alle Menschen in Österreich. Das ist in Österreich Gesetz.

b Lesen Sie den Text und beantworten Sie die Fragen 1 bis 3.

1. Malina ist 14 Jahre alt und glaubt nicht an Gott. Muss sie in den Religionsunterricht gehen?
2. Peter ist 22 und will eine andere Religion haben. Darf er das?
3. Mark und Fatma haben verschiedene Religionen. Sie wollen am Standesamt heiraten. Dürfen sie das?

2 Ich habe gelernt ...

a Was haben Sie in diesem Kurs gelernt? Was wissen Sie jetzt? Sammeln Sie und sprechen Sie dann.

Ich weiß: Man muss Steuern zahlen.

Ich weiß: Es gibt eine Hausordnung.

Ich weiß: Es gibt Kindergartenpflicht.

Ich weiß: In Österreich haben Männer und Frauen die gleichen Chancen.

...

b Was möchten Sie im nächsten Kurs lernen? Sprechen Sie.

< Ich möchte besser sprechen. >   < Ich möchte Nachrichtensendungen verstehen. >   < ...

3 Abschied vom Kurs

a Verabschieden Sie sich im Kurs mit einer Handpyramide.

Der Kurs mit euch war sehr schön. >   < Auf Wiedersehen!

b Wie geht es Ihnen jetzt? Sprechen Sie.

< Mir geht es gut. Ich habe viel gelernt.

UND SIE?

Wie geht es weiter?
Schreiben Sie.

 Ich mache jetzt Urlaub und im September möchte ich den A2-Kurs besuchen.

Ich möchte ...

Grammatik

Inhaltsverzeichnis

Verben

1 Perfekt

a Bildung

haben oder **sein** + **Partizip II**
Wir **haben** gestern im Park Sport **gemacht**.
Luka **ist** zum Arbeitsamt **gegangen**.

b Bildung von Partizip II

Einfache Verben

Regelmäßige Verben	Unregelmäßige Verben	Verben mit *be-* und *ver-* und auf *-ieren*
ge-...-(e)t	ge-...-en	...-t / ...-en
machen → gemacht	lesen → gelesen	verkaufen → verkauft
tanzen → getanzt	fahren → gefahren	bezahlen → bezahlt
arbeiten → gearbeitet	essen → gegessen	telefonieren → telefoniert
...	trinken → getrunken	reparieren → repariert
	...	verstehen → verstanden
		bekommen → bekommen
		...

Trennbare Verben

Regelmäßige Verben	Unregelmäßige Verben
...-ge-...-t	...-ge-...-en
ein|kaufen → eingekauft	an|kommen → angekommen
...	an|rufen → angerufen
	fern|sehen → ferngesehen
	...

Siehe auch die Liste der unregelmäßigen Verben im Anhang, Seite XIII

c Perfekt mit *haben* oder Perfekt mit *sein*

Die meisten Verben bilden das Perfekt mit *haben*.

Das Perfekt mit *sein* steht nach Verben der Bewegung von A nach B,
z. B. nach den Verben *laufen, gehen, fahren, fliegen, kommen*.

Luka **ist** nach Österreich **gefahren**.
Lukas Familie **ist** zum Bahnhof **gekommen**.
Er **ist** zum Arbeitsamt **gegangen**.

Das Perfekt mit *sein* steht auch nach: *aufstehen, passieren, bleiben*.

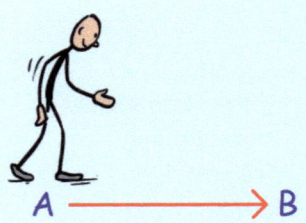

2 Imperativ: *du*-Form und *ihr*-Form

du-Form		
gehen	→	~~du~~ geh~~st~~
warten	→	~~du~~ warte~~st~~
nehmen	→	~~du~~ nimm~~st~~
anrufen	→	~~du~~ ruf~~st~~ an
fahren	→	fahr

ihr-Form		
gehen	→	~~ihr~~ geht
warten	→	~~ihr~~ wartet
nehmen	→	~~ihr~~ nehmt
anrufen	→	~~ihr~~ ruft an
fahren	→	~~ihr~~ fahrt

> Geh hier links und dann geradeaus bis zur Kreuzung. Warte da bitte.

3 Modalverb *sollen*

	sollen
ich	soll
du	sollst
er/es/sie/man	soll
wir	sollen
ihr	sollt
sie/Sie	sollen

> Die Chefin sagt:
> „Luka, gehen Sie zum Arzt." =
> Luka soll zum Arzt gehen.

Nomen und Artikel

1 bestimmter und unbestimmter Artikel in Nominativ, Akkusativ und Dativ

	maskulin	neutrum	feminin	Plural
Nominativ	der/ein	das/ein	die/eine	die/–
Akkusativ	den/einen	das/ein	die/eine	die/–
Dativ	dem/einem	dem/einem	der/einer	den ...n/–

Endet der Nominativ Plural auf -n oder -s, bildet man den Dativ Plural ohne -n:

Nominativ Plural	Dativ Plural
die Männer	den Männer**n**
die Eltern	den Eltern
die Sofas	den Sofas

2 Possessivartikel im Akkusativ

Ich sehe …

	ich	du	er/es/man	sie	wir	ihr	sie	Sie	
maskulin	meinen	deinen	seinen	ihren	unseren	euren	ihren	Ihren	Freund.
neutrum	mein	dein	sein	ihr	unser	euer	ihr	Ihr	Auto.
feminin	meine	deine	seine	ihre	unsere	eure	ihre	Ihre	Freundin.
Plural	meine	deine	seine	ihre	unsere	eure	ihre	Ihre	Kinder.

3 Fragewort *Welch-?* und Demonstrativartikel in Nominativ und Akkusativ

	Fragewort				Demonstrativartikel			
	maskulin	neutrum	feminin	Plural	maskulin	neutrum	feminin	Plural
Nom.	Welcher?	Welches?	Welche?	Welche?	der	das	die	die
Akk.	Welchen?	Welches?	Welche?	Welche?	den	das	die	die

Welcher Apfel gefällt dir? – Der da/hier.
Welches Herz gefällt dir? – Das da/hier.
Welche Banane gefällt dir? – Die da/hier.

Personalpronomen in Nominativ, Akkusativ und Dativ

Nominativ	ich	du	er	es	sie	wir	ihr	sie	Sie
Akkusativ	mich	dich	ihn	es	sie	uns	euch	sie	Sie
Dativ	mir	dir	ihm	ihm	ihr	uns	euch	ihnen	Ihnen

Präpositionen

1 lokale Präpositionen (Ort)

+ Dativ

woher? von der Schule

wo? bei uns

wohin? nach Graz (Städte)
   zum Bahnhof (andere Orte)

> von + dem = vom
> zu + dem = zum   zu + der = zur

+ Dativ (Wo?)

wo? am Fluss sein
   in der Schule sein

> in + dem = im   an + dem = am

+ Akkusativ (Wohin?)

wohin? an den Fluss fahren
   in die Schule gehen

> in + das = ins   an + das = ans

2 temporale Präpositionen (Zeit)

um	um 20 Uhr
ab …	ab 19 Uhr
bis …	bis 2 Uhr
von … bis …	von 19 Uhr bis 2 Uhr
am (an + dem)	am Montag (Wochentag)
	am 23. Mai (Datum)

im (in + dem)	im April (Monat)
	im Frühling (Jahreszeit)
vor (+ Dativ + Perfekt)	Vor einem Jahr bin ich umgezogen.
seit (+ Dativ + Präsens)	Seit vier Monaten lerne ich Deutsch.

3 Präpositionen *für*, *mit* und *bei*

für + Akkusativ

	Für wen?
der Freund	für den/einen/meinen Freund
die Tante	für die/eine/meine Tante
das Kind	für das/ein/mein Kind
die Freunde	für die/–/meine Freunde

mit + Dativ

	Wie?
der Zug	mit dem Zug
das Auto	mit dem Auto
die Straßenbahn	mit der Straßenbahn
die Fahrräder	mit den Fahrrädern

bei + Dativ

	Wo? / Wann?
wir	bei uns
die Geburtstagsfeier	bei der Geburtstagsfeier

Ordinalzahlen

	der/das/die …	am …
eins	erste	ersten
zwei	zweite	zweiten
drei	dritte	dritten
vier	vierte	vierten
fünf	fünfte	fünften
sechs	sechste	sechsten
sieben	siebte	siebten
acht	achte	achten
neun	neunte	neunten
zehn	zehnte	zehnten
elf	elfte	elften
zwölf	zwölfte	zwölften
dreizehn	dreizehnte	dreizehnten
vierzehn	vierzehnte	vierzehnten
…		
zwanzig	zwanzigste	zwanzigsten
einundzwanzig	einundzwanzigste	einundzwanzigsten
zweiundzwanzig	zweiundzwanzigste	zweiundzwanzigsten
dreiundzwanzig	dreiundzwanzigste	dreiundzwanzigsten
vierundzwanzig	vierundzwanzigste	vierundzwanzigsten
fünfundzwanzig	fünfundzwanzigste	fünfundzwanzigsten
…		
dreißig	dreißigste	dreißigsten
vierzig	vierzigste	vierzigsten
…		

das Datum
Der Wievielte ist heute?
Heute ist der 18. (achtzehnte)
Mai.

Wann hat Eleni Geburtstag?
Eleni hat am 15. (fünfzehnten)
Mai Geburtstag.

Sätze

1 Konnektoren *und, oder, aber*

		Konnektor		
Bring	deine Sportsachen	und	deine Badehose	mit.
Wir können	am Samstag	oder	am Sonntag Sport	machen.
Ich will	Sport machen,	aber	nicht allein.	

2 Konnektor *denn*

Ich (mag) meine Arbeit. Sie (ist) interessant.

Ich (mag) meine Arbeit, denn sie (ist) interessant.

3 Satzfragen und Antworten mit *ja, nein, doch*

+ Hast du eine Gitarre? (+) **Ja**, ich habe eine Gitarre. (–) **Nein**, ich habe keine Gitarre.

– Hast du **keine** Zeit? (+) **Doch**, ich habe Zeit. (–) **Nein**, ich habe keine Zeit.

– Kannst du **nicht** singen? (+) **Doch**, ich kann singen! (–) **Nein**, ich kann nicht singen.

Satzklammer

1 Das Perfekt im Satz

	Verb: Position 2		Verb: Ende
	haben / sein		Partizip
Ich	habe	ein Buch	gelesen .
Gestern	habe	ich ein Buch	gelesen .
Das Buch	habe	ich gestern	durchgelesen .
Ich	bin	gestern zu spät	aufgestanden .

2 Modalverben

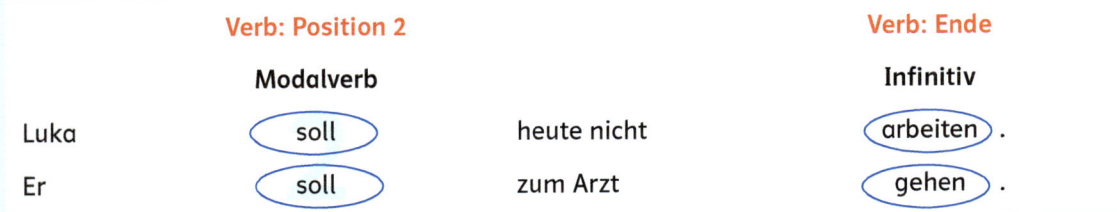

	Verb: Position 2		Verb: Ende
	Modalverb		Infinitiv
Luka	soll	heute nicht	arbeiten .
Er	soll	zum Arzt	gehen .

Verben mit Akkusativ

abgeben	Geben Sie **den Vertrag** in der Firma ab.	fressen	Der Hund hat **die Würstel** gefressen.
abstellen	Er stellt **den Motor** ab.	kennenlernen	Ich möchte **ihn** kennenlernen.
ausprobieren	Probieren Sie **den Tipp** aus.	kontrollieren	Er kontrolliert **die Fahrkarten**.
ausschalten	Schalt **den Fernseher** aus.	kriegen	**Das Buch** kriegst du als Geschenk.
aussprechen	Sprechen Sie **das Wort** aus.	lösen	Ich muss **viele Probleme** lösen.
auswählen	Wählen Sie **Fragen** aus.	malen	Nik hat **seinen Vater** gemalt.
bearbeiten	Ich bearbeite **die Fotos** am Computer.	mitnehmen	Nimm **deinen Auweis** mit.
beenden	Luc hat **die Schule** 2014 beendet.	*möchten*	Möchten Sie **einen Tee**?
bekommen	Er bekommt **eine E-Mail**.	planen	Planen Sie **Verabredungen**.
beobachten	Ich beobachte gerne **die Menschen**.	programmieren	Er kann **Computerspiele** programmieren.
beraten	Wir beraten **Sie** gerne!	putzen	Ich muss **die Küche** putzen.
besichtigen	Sie hat **viele Sehenswürdigkeiten** besichtigt.	rufen	Ich rufe **ihn**.
bestellen	Bestellen wir **einen Saft**?	schaffen	Er hat **es** geschafft.
betreten	Man darf **die Werkstatt** betreten.	schicken	Schicken Sie **einen Brief**.
bieten	Wir bieten **eine faire Bezahlung**.	schließen	Schließen Sie **die Tür** bitte leise.
dekorieren	Zu Weihnachten dekorieren wir **das Wohnzimmer**.	singen	Ich singe **ein Lied**.
durchlesen	Lesen Sie bitte **den Vertrag** durch.	studieren	Ich habe **Physik** studiert.
einchecken	Ich muss **die Gäste** einchecken.	tragen	Ich trage **seinen Schal**.
einnehmen	Wie oft soll Luka **die Tabletten** einnehmen?	treffen	Manchmal treffe ich **einen Freund**.
einsammeln	Sammeln Sie **die Notizen** ein.	verbinden	Verbinden Sie **die Sätze**.
eintragen	Tragen Sie **den Ort** in den Plan ein.	verdienen	Verdienen Sie **viel Geld**?
erfinden	Erfinden Sie zu zweit **eine Person**.	vereinbaren	Ich möchte **einen Termin** vereinbaren.
fotografieren	Luka fotografiert **die Leute**.	verkaufen	Sie verkauft **Eis**.
		verstehen	Ich verstehe **dich** gut.
		zuordnen	Ordnen Sie **die Fotos** zu.

Verben mit Dativ

fehlen	Was fehlt **Ihnen**?
gefallen	Das Geschenk gefällt **mir** sehr.
gehören	Gehört der Stift **dir**?
gratulieren	Wir gratulieren **Ihnen** alle herzlich.
helfen	Er hilft **mir** oft.

Verben mit Akkusativ und Dativ

anbieten	Kann ich **dir einen Kaffee** anbieten?
empfehlen	Ich muss **den Gästen Restaurants** empfehlen.
erklären	Erklärt **mir die Grammatik**, bitte.
geben	Gib **mir** bitte **den Stift**.
schenken	Ich schenke **dir ein Buch**.
wünschen	Ich wünsche **dir alles Gute**.

Unregelmäßige Verben

Beispiel: **ạbfahren,**   fährt ạb,   ist ạbgefahren
             | | |
          Infinitiv   dritte Person Sg.   dritte Person Sg.
                                 Präsens   Perfekt

ạbfahren, fährt ạb, ist ạbgefahren

ạbgeben, gibt ạb, hat ạbgegeben

ạbschneiden, schneidet ạb, hat ạbgeschnitten

ạnbieten, bietet ạn, hat ạngeboten

ạnfangen, fängt ạn, hat ạngefangen

ạnkommen, kommt ạn, ist ạngekommen

ạnrufen, ruft ạn, hat ạngerufen

ạnsehen, sieht ạn, hat ạngesehen

aufschreiben, schreibt auf, hat aufgeschrieben

aufstehen, steht auf, ist aufgestanden

ausgeben, gibt aus, hat ausgegeben

ausgehen, geht aus, ist ausgegangen

ausschlafen, schläft aus, hat ausgeschlafen

aussehen, sieht aus, hat ausgesehen

aussprechen, spricht aus, hat ausgesprochen

aussteigen, steigt aus, ist ausgestiegen

bạcken, bäckt/bạckt, hat gebạcken

beginnen, beginnt, hat begọnnen

bekọmmen, bekọmmt, hat bekọmmen

benẹnnen, benẹnnt, hat benạnnt

berạten, berät, hat berạten

betrẹten, betrịtt, hat betrẹten

bieten, bietet, hat gebọten

bịtten, bịttet, hat gebẹten

bleiben, bleibt, ist geblieben

brạten, brät, hat gebrạten

dẹnken, dẹnkt, hat gedạcht

dọrtbleiben, bleibt dọrt, ist dọrtgeblieben

dụrchlesen, liest dụrch, hat dụrchgelesen

dụrfen, dạrf, hat gedụrft

einladen, lädt ein, hat eingeladen

einnehmen, nimmt ein, hat eingenommen

einsteigen, steigt ein, ist eingestiegen

eintragen, trägt ein, hat eingetragen

eintreffen, trifft ein, ist eingetroffen

empfẹhlen, empfiehlt, hat empfọhlen

erbịtten, erbịttet, hat erbẹten

erfịnden, erfịndet, hat erfụnden

ẹssen, ịsst, hat gegẹssen

fạhren, fährt, ist gefạhren

fẹrnsehen, sieht fẹrn, hat fẹrngesehen

fịnden, fịndet, hat gefụnden

fliegen, fliegt, ist geflọgen

freihaben, hat frei, hat frei gehabt

frẹssen, frịsst, hat gefrẹssen

geben, gịbt, hat gegeben

gefạllen, gefällt, hat gefạllen

gehen, geht, ist gegangen

gewịnnen, gewịnnt, hat gewọnnen

großschreiben, schreibt groß, hat großgeschrieben

haben, hạt, hat gehạbt (*Präteritum:* hạtte)

heißen, heißt, hat geheißen

hẹlfen, hịlft, hat gehọlfen

herẹinkommen, kommt herẹin,
ist herẹingekommen

herụmlaufen, läuft herụm, ist herụmgelaufen

hịnfahren, fährt hịn, ist hịngefahren

hịnfallen, fällt hịn, ist hịngefallen

hịnkommen, kommt hịn, ist hịngekommen

kẹnnen, kẹnnt, hat gekạnnt

kọmmen, kọmmt, ist gekọmmen

kọ̈nnen, kạnn, hat gekọnnt

laufen, läuft, ist gelaufen

lesen, liest, hat gelesen

liegen, liegt, hat gelegen

mịtbringen, bringt mịt, hat mịtgebracht

mịtkommen, kommt mịt, ist mịtgekommen

mịtlaufen, läuft mịt, ist mịtgelaufen

mịtlesen, liest mịt, hat mịtgelesen

mịtnehmen, nimmt mịt, hat mịtgenommen

mịtsingen, singt mịt, hat mịtgesungen

mịtsprechen, spricht mịt, hat mịtgesprochen

mọ̈gen, mạg, hat gemọcht

mụ̈ssen, mụss, hat gemụsst

nạchsprechen, spricht nạch, hat nạchgesprochen

nehmen, nịmmt, hat genọmmen

rạten, rät, hat gerạten

reinkommen, kommt rein, ist reingekommen

reiten, reitet, ist gerịtten

riechen, riecht, hat gerọchen

scheinen, scheint, hat geschienen

schlafen, schläft, hat geschlạfen

schließen, schließt, hat geschlọssen

schneiden, schneidet, hat geschnịtten

schreiben, schreibt, hat geschrieben

schreien, schreit, hat geschrien

schwịmmen, schwịmmt, ist geschwọmmen

sehen, sieht, hat gesehen

sein, ịst, ist gewesen (*Präteritum:* wạr)

sịngen, sịngt, hat gesụngen

sitzen, sitzt, ist gesessen

spazieren gehen, geht spazieren, ist spazieren gegangen

sprechen, spricht, hat gesprochen

stattfinden, findet statt, hat stattgefunden

stehen, steht, hat gestanden

sterben, stirbt, ist gestorben

tragen, trägt, hat getragen

treffen, trifft, hat getroffen

trinken, trinkt, hat getrunken

tun, tut, hat getan

umziehen, zieht um, ist umgezogen

unterstreichen, unterstreicht, hat unterstrichen

verbinden, verbindet, hat verbunden

vergessen, vergisst, hat vergessen

vergleichen, vergleicht, hat verglichen

verstehen, versteht, hat verstanden

vorkommen, kommt vor, ist vorgekommen

vorlesen, liest vor, hat vorgelesen

waschen, wäscht, hat gewaschen

werden, wird, ist geworden

wiederkommen, kommt wieder, ist wiedergekommen

wiedersehen, sieht wieder, hat wiedergesehen

wissen, weiß, hat gewusst

wollen, will, hat gewollt

zerschneiden, zerschneidet, hat zerschnitten

ziehen, zieht, hat gezogen

zurückfahren, fährt zurück, ist zurückgefahren

zurückgehen, geht zurück, ist zurückgegangen

Alphabetische Wortliste

Diese Informationen finden Sie in der Wortliste:

In der Liste finden Sie die Wörter aus den Kapiteln 9–16 von *Linie 1 Österreich*.
Wo Sie das Wort finden:
z. B. **aktuell** 9/7a, 143

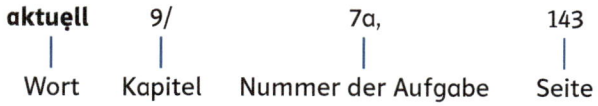

aktuell	9/	7a,	143
Wort	Kapitel	Nummer der Aufgabe	Seite

Der Wortakzent: kurzer Vokal **.** oder langer Vokal **_**.
ạb (1) *(ab Marienplatz)* 9/3a, 139
Apothẹke, die, -en 13/1b, 201

Bei trennbaren Verben und bei unregelmäßigen Verben: 3. Person Singular Präsens und Partizip Perfekt:
nạchfragen, fragt nạch, hat nạchgefragt 10/1b, 151
lạufen, läuft, ist gelạufen 9/3a, 139

Bei Nomen: das Wort, der Artikel, die Pluralform:
Ạnruf, der, -e 11/5a, 172

= *Singular*: der Anruf
= *Plural*: die Anrufe

Bei verschiedenen Bedeutungen eines Wortes: das Wort und Beispiele:
einfach (1) *(Ich habe einfach keine Arbeit gefunden.)* 10/3a, 145
einfach (2) *(Das ist nicht einfach.)* 13/8b, 207

Fett gedruckte Wörter gehören zum Wortschatz für die Prüfungen Fit für Österreich bzw. Zertifikat Deutsch. Diese Wörter müssen Sie auf jeden Fall lernen.

Abkürzungen und Symbole

¨	Umlaut im Plural bei Nomen
*	keine Steigerung (bei Adjektiven)
(Sg.)	nur Singular (bei Nomen)
(Pl.)	nur Plural (bei Nomen)

ạb (1) (+ D.) *(ab Marienplatz)* 9/3a, 139
ạb (2) (+ D.) *(Ab wann?)* 11/5a, 172
ạbfahren, fährt ạb, ist ạbgefahren 12/3a, 185
Ạbfahrt, die, -en 12/3a, 185
ạbgeben, gibt ạb, hat ạbgegeben 13/2a, 202
Ạbreise, die, -n 14/2a, 216
ạbschneiden, schneidet ạb, hat ạbgeschnitten 10/3e, 153
ạbstellen, stellt ạb, hat ạbgestellt *(den Motor abstellen)* 10/4e, 154
Ạchterbahn, die, -en 16/1a, 247
Ạchtung, die *(Sg.)* *(Achtung!)* 14/2d, 216
aktuell 9/7a, 143
Alles Gụte! 11, 169
allgemein 13/7b, 206
Ạlpen, die *(Pl.)* 9/6b, 142
Ạlpenzoo, der *(Sg.)* 12/7a, 188
Amẹrika 10/3c, 160
amerikạnisch 11/4a, 171
ạnbieten, bietet ạn, hat ạngeboten 11/8b, 175
Ạnfang, der, ¨e 11/7a, 174
Ạnfänger, der, – 9/7a, 143
Ạngebot, das, -e 9/7a, 143
ạngenehm 14/6a, 220
Ạngst, die, ¨e 15/3a, 235
ạnklopfen, klopft ạn, hat ạngeklopft 10/4e, 154
ạnkommen, kommt ạn, ist ạngekommen 10/5c, 155
Ạnkunft, die, ¨e 12/3a, 185
Ạnmeldeformular, das, -e 10/7b, 156
Ạnordnung, die, -en 13/1b, 201
Ạnrede, die, -n 11/Und Sie?, 172
Ạnreise, die, -n 14/2a, 216
Ạnruf, der, -e 11/5a, 172
ạns 12/6c, 187
Ạnsage, die, -n 10/7a, 156

Ạnschrift, die, -en 10/7b, 156
ạnstrengend 14/3e, 217
Ạntwort-Mail, das, -s 11/Und Sie?, 172
Apothẹke, die, -n 13/2a, 202
Apothẹker, der, – 13, 201
Ạrbeitsalltag, der *(Sg.)* 14/2, 216
Ạrbeitsamt, das, ¨er 10/3a, 153
Ạrbeitsatmosphäre, die, -n 14/6a, 220
Ạrbeitsauftrag, der, ¨e 10/1b, 151
Ạrbeitsort, der, -e 14/6a, 220
Ạrbeitsmarktservice, das *(Sg.)* (AMS) 10/3c, 153
Ạrbeitstag, der, -e 10/3a, 153
Ạrbeitsunfähigkeitsmeldung, die, -en 13/1b, 201
Ạrbeitsvertrag, der, ¨e 10/4d, 154
Ạrbeitszeit, die, -en 10/5a, 155
Architektụr, die *(Sg.)* 12/8a, 189
Ạrm, der, -e 13/3a, 203
Ärztin, die, -nen 13/5f, 204
ärztlich 13, 201
aufhören, hört auf, hat aufgehört 15/7a, 239
Aufzug, der, ¨e 14/1b, 215
Auge, das, -n 13/3a, 203
Ausbildung, die, -en 10/8b, 157
Ausflug, der, ¨e 11/5c, 172
ausfüllen, füllt aus, hat ausgefüllt 10/7b, 156
Ausgang, der, ¨e 12/5b, 186
Auskunft, die, ¨e 10/1c, 151
ausprobieren, probiert aus, hat ausprobiert 15/Und Sie?, 238
ausschalten, schaltet aus, hat ausgeschaltet 14/Und Sie?, 216
aussprechen, spricht aus, hat ausgesprochen 14/3e, 217
aussteigen, steigt aus, ist ausgestiegen 12/5b, 186
auswählen, wählt aus, hat ausgewählt

14/7c, 221
Ausweis, der, -e 10/5a, 155
auswendig *(auswendig lernen)* 15/6d, 238
Autofahrer, der, – 11/4a, 171
Automechaniker, der, – 10/3a, 153
Autotechnik, die, -en 10/4b, 154
Bạdehose, die, -n 13/7b, 206
bạden 9/Und Sie?, 139
Bạhnhof, der, ¨e 10/3a, 153
bạld 10/8b, 157
Bạll, der, ¨e 9/2a, 138
Bạnk, die, -en 10/6a, 156
Bạnkomatkarte, die, -n 10/6a, 156
bạr 9/7a, 143
Bạr, die, -s 14/6a, 220
Basketball 15/4c, 236
Bạuch, der, ¨e 13/3a, 203
Bạuchschmerzen, die *(Pl.)* 13/Und Sie?, 205
beạrbeiten 15/Und Sie?, 236
bedeuten 13/5b, 204
bedienen 10/3a, 153
beẹnden 14/5b, 219
Beginn, der *(Sg.)* 14/6d, 220
bei 12/8a, 189
Bein, das, -e 13/3a, 203
bekạnnt 12/8b, 195
Bekạnnte, der/die, -n 9/6b, 142
bekọmmen, bekọmmt, hat bekọmmen 10/2c, 152
benẹnnen, benẹnnt, hat benạnnt 13/1b, 201
beobachten 16/6b, 252
berạten, berät, hat berạten 9/7a, 143
Bereich, der, -e 14/6a, 220
bẹrgwandern, bẹrgwandert, bẹrggewandert 12/8a, 189
Bericht, der, -e 10/1b, 151
beruflich 10/1c, 151
Berụfsbiografie, die, -n 15/1b, 233

Zahlen, Zeiten, Maße, Gewichte

Kardinalzahlen

1	eins	13	dreizehn	60	sechzig
2	zwei	14	vierzehn	70	siebzig
3	drei	15	fünfzehn	80	achtzig
4	vier	16	sechzehn	90	neunzig
5	fünf	17	siebzehn	100	(ein)hundert
6	sechs	18	achtzehn	101	(ein)hundert(und)eins
7	sieben	19	neunzehn	200	zweihundert
8	acht	20	zwanzig	213	zweihundertdreizehn
9	neun	21	einundzwanzig	1 000	(ein)tausend
10	zehn	30	dreißig	1 000 000	eine Million (-en)
11	elf	40	vierzig	1 000 000 000	eine Milliarde (-n)
12	zwölf	50	fünfzig		

Zeiten

1. Stunde und Uhrzeiten
Uhr, die, -en
Uhrzeit, die, -en
Stunde, die, -n
Viertelstunde, die, -n
Minute, die, -n
Sekunde, die, -n

2. Tag und Tageszeiten

Tag, der, -e	täglich
Morgen, der, –	in der Früh
Vormittag, der, -e	vormittags
Mittag, der, -e	mittags
Nachmittag, der, -e	nachmittags
Abend, der, -e	abends
Nacht, die, ̈-e	nachts

3. Woche und Wochentage

Montag, der, -e	montags	Feiertag, der, -e
Dienstag, der, -e	dienstags	Festtag, der, -e
Mittwoch, der, -e	mittwochs	wöchentlich
Donnerstag, der, -e	donnerstags	
Freitag, der, -e	freitags	
Samstag, der, -e	samstags	
Sonntag, der, -e	sonntags	

4. Monate

Jänner	August
Februar	September
März	Oktober
April	November
Mai	Dezember
Juni	
Juli	monatlich

5. Jahr und Jahreszeiten
Jahr, das, -e
Jahreszeit, die, -en
jährlich
Winter, der, –
Frühling, der, -e / Frühjahr, das, -e
Sommer, der, –
Herbst, der, -e

Maße und Gewichte

Zentimeter, der, –	cm		Gramm, das, –	g	
Meter, der, –	m	1 m = 100 cm	Kilogramm, das, –	kg	
Kilometer, der, –	km	1 km = 1000 m	1 kg = 1000 g		
Quadratmeter, der, –	qm/m²		Deka(gramm), das, –	dag	
			1 dag = 100 g		
Liter, der, –	l				

Quellen

Fotos, die im Folgenden nicht aufgeführt sind: Hermann Dörre, Dörre Fotodesign, München

S. 138 Fotolia.com (Jari Hindström);

S. 142 1: imago (AFLO), 2: imago (MITO), A: Fotolia.com (alexey_fedoren), B: Shutterstock.com (Michelle Marsan), C: Shutterstock.com (Justek16), D: Fotolia.com (Mapics);

S. 143 A: Shutterstock.com (Daniel Schweinert), B: Shutterstock.com (Ruslan Guzov);

S. 146 Shutterstock.com (Aleksandar Todorovic);

S. 150 Shutterstock.com (Syda Productions);

S. 151 Busbahnhof: Fotolia.com (Petair);

S. 153 Verkehrsmittel: Fotolia.com (soleilc1), Fußgänger: Fotolia.com (Talashow);

S. 154 von links: Fotolia.com (LaCatrina), Fotolia.com (Arcady), Fotolia.com (nickylarson974), Fotolia.com (Fiedels), Fotolia.com (LaCatrina);

S. 155 A: imago (Steinach), C: Stadt Linz, D: Fotolia.com (anyaberkut), E: Bundeskriminalamt Österreich;

S. 156 A: Fotolia.com (Calado), B: Shutterstock.com (Tupungato), C: Fotolia.com (PictureP.), D: Fotolia.com (Gina Sanders), E: Fotolia.com (M. Schuppich), F: Fotolia.com (eyewave);

S. 157 Aufrufetafeln: imago (Stefan M. Prager);

S. 160 imago (HRSchulz);

S. 163 Mann: imago (Westend61), Frau: imago (Westend61), von links: imago (Westend61), imago (McPHOTO), imago (blickwinkel), imago (Niehoff);

S. 166 A: imago (Rainer Unkel), B: imago (imagebroker), C: imago (imagebroker), D: imago, E: imago (sepp spiegl), F: imago (Volker Preußer);

S. 169 Luftballons: Shutterstock.com (Leigh Prather), B: Fotolia.com (Petair), C: Fotolia.com (babimu), Pralinen: Shutterstock.com (nelik);

S. 170 von links: Shutterstock.com (Patrizia Tilly), Shutterstock.com (Dirk Ott), Shutterstock.com (YanLev), Shutterstock.com (Sunny Forest);

S. 171 A: Shutterstock.com (Anibal Trejo), B: Shutterstock.com (David Acosta Allely), C: Daimler AG, D: Shutterstock.com (360b), E: Reinhard Werner Burgtheater Wien;

S. 172 D: imago (Westend61), E: imago (Westend61), F: (Westend61);

S. 174 A: Shutterstock.com (Oleg Elena Tovkach), B: Shutterstock.com (Lipik), C: Shutterstock.com (Volker Rauch);

S. 176 oben: Shutterstock.com (grop), Mitte: imago, unten: imago (CHROMORANGE);

S. 177 oben: imago (imagebroker), Amir: imago (Westend61);

S. 178 imago (Westend61);

S. 180 imago (Fernando Baptista);

S. 183 Nordkette: Shutterstock.com (mr_coffee), Dom: Shutterstock.com (sasimoto), Goldenes Dachl: Shutterstock.com (Anibal Trejo);

S. 185 imago (Arnulf Hettrich);

S. 186 Katze: imago (Xinhua);

S. 188 A: Alpenzoo Innsbruck-Tirol, B: TVB Innsbruck / Helga Andreatta, C: LEITNER ropeways, Briefmarke: Österreichische Post AG

S. 189 von oben: Fotolia.com (awfoto), Shutterstock.com (Maria Arts), Fotolia.com (anilah);

S. 190 Thinkstock.com (mmuenzl);

S. 191 Railjet © ÖBB/Harald Eisenberger;

S. 192 Annalisa Scarpa;

S. 193 von links: Fotolia.com (awfoto), Stadt Innsbruck, Fotolia.com (nobelbunt), imago (imagebroker), Shutterstock.com (Anibal Trejo), Alpenzoo Innsbruck-Tirol, Shutterstock.com (Anton_Ivanov), all-inn.at (Jannis Fürderer);

S. 194 von links: imago (Joana Kruse), imago (Westend61), imago (McPHOTO);

S. 196 Bregenz: Shutterstock.com (puchan), Eisenstadt: Fotolia.com (Ewald Fröch), Salzburg: Shutterstock.com (canadastock), Wörthersee: Thinkstock (ASafaric), Linz: Shutterstock.com (Bertl123);

S. 197 von links imago (Jens Koehler), imago (ecomedia / robert fishman), imago (Lars Reimann), imago (Jakob Hoff);

S. 201 Bescheinigung: Shutterstock.com;

S. 205 von links: imago (Medicimage), imago (Steinach), Shutterstock.com (lorenzo gambaro), imago (Lem), imago (Science Photo Library), imago (Lem), unten: imago (Westend61);

S. 206 von links: imago (Global Imagens), imago (Weißfuß), imago (Westend61), (Science Photo Library);

S. 207 von oben: imago (CTK/CandyBox), imago (Olaf Döring), imago (MITO);

S. 212 a: imago (blickwinkel), b: imago (epd), c: imago (imagebroker);

S. 215 A: Shutterstock.com (Robert Kneschke), Karte: Shutterstock.com (Opis Zagreb), B Mann: Shutterstock.com (Kzenon), B Frau: Shutterstock.com (racorn), C: Annalisa Scarpa, D: Shutterstock.com (Ollyy);

S. 217 Shutterstock.com (Robert Kneschke);

S. 218 von oben: Shutterstock.com (Robert Kneschke), shutterstock.com (Goodluz);

S. 221 von links: Shutterstock.com (Robert Kneschke), Shutterstock.com (Goodluz);

S. 222 1: imago (CHROMORANGE), 2: imago (imagebroker), 3: imago (Peter Widmann), 4: Shutterstock.com (Elena Elisseeva);

S. 223 Shutterstock.com (Budimir Jevtic);

S. 224 rechts: Shutterstock.com (Kzenon);

S. 227 von oben: imago (Westend61), imago (Westend61), von unten rechts: imago (ITAR-TASS), imago (United Archives), Shutterstock.com (LI CHAOSHU);

S. 229 A: imago (imagebroker), B Frauen: Shutterstock.com (DarkBird), B Bern: imago (imagebroker), C: EASTERN-COMFORT hostel- and hotelboat berlin GmbH, D Graz Shutterstock.com (swa182), D Zimmer: imago (Köhn), E: Danny Gohlke / Landesverband Mecklenburg-Vorpommern e.V.;

S. 234 A: imago (Westend61), B: imago (Westend61), C: imago (Westend61), D: imago (blickwinkel), E: imago (McPHOTO), F: imago (epd), G: imago (theissen), H: imago (Westend61);

S. 235 A: imago (suedraumphoto), B: imago (Peter Widmann), C: imago (United Archives), unten von links: imago (Karina Hessland), imago (MITO), imago (Westend61), imago (Thomas Eisenhuth), imago (Ralph Peters), imago (McPhoto), imago (Thomas Frey), imago (epd), imago (Zentrixx), imago (emil umdorf);

S. 236 Präsentation: imago (imagebroker), Sushi imago (Westend61);

S. 239 A: imago (imagebroker), B: imago (Westend61);

S. 241 oben: imago (Sabine Gudath), unten: Shutterstock.com (Zurijeta);

S. 242 oben Shutterstock.com (Monkey Business Images), unten: imago (imagebroker);

S. 244 Annalisa Scarpa;

S. 247 A: imago (imagebroker), B: imago (McPhoto), C: imago (INSADCO), D: imago (imagebroker);

S. 248 A: imago (mm images), B: imago (Raimund Müller), C: imago (Sabine Lutzmann);

S. 249 Shutterstock.com (Jan-Dirk Hansen);

S. 250 A: imago (Westend61), B: imago (imagebroker), C: imago (imagebroker), D: imago (Westend61), E: Fotolia.com (Mihalis A.);

S. 252 A: Annalisa Scarpa, B, C, E, H: Theo Scherling, F: Nikola Lainović, G: Kathrin Borchert;

S. 255 von links Shutterstock.com (grekoff), Shutterstock.com (Peter Zijlstra), imago (Jochen Track), imago (imagebroker), Shutterstock.com (Bliznetsov);

S. 256 imago (Westend61);

S. 258 von links: Shutterstock.com (Westend61), imago (emil umdorf), imago (Olaf Döring)

S. 265 A: Shutterstock.com (Ball Ball 14), B: Fotolia.com (Picture P.), C: Fotolia.com (Gina Sanders), D: Shutterstock.com (xpixel);

S. 266 Shutterstock.com (SpeedKingz);

S. 267 1: Shutterstock.com (Dmitry Kalinovsky), 2: Shutterstock.com (Tyler Olson), 3: Shutterstock.com (mavo), 4 und 5: Shutterstock.com (Dmitry Kalinovsky), 6: Shutterstock.com (goodluz)

S. 268 Flagge: Shutterstock.com (Globe Turner);

S. 269 oben: Shutterstock.com (India Picture), Shutterstock.com (Phovoir), Shutterstock.com (goodluz), Shutterstock.com (Minerva Studio), Shutterstock.com (goodluz); e-card: José Mertola, Wien; unten alles Shutterstock.com: A: (BACHTUB DMITRII), B: (Marcos Mesa Sam Wordley), C: (thodonal88), D: (Sergey Toronto), E: (2xSamara.com), F: (tommaso79), G: (Rido), H: (Photographee.eu); Rettung: (YMZK-Photo), Polizei: (Adamsov studio), Feuerwehr: (Arsenie Krasnevsky), Frau: Fotolia.de (WavebreakMediaMicro)

S. 270 A: Shutterstock.com (wavebreakmedia), C: Shutterstock.com (Monkey Business Images), D: Shutterstock.com (gpointstudio), E: Shutterstock.com (Africa Studio), F: Shutterstock.com (mrkornflakes);

S. 271 1: Shutterstock.com (Lisa F. Young), 2: Shutterstock.com (Iakov Filimonov); Shutterstock.com (Robert Kneschke)

S. 272 Symbole: Shutterstock.com (FreddEP), Gesetz: Shutterstock.com (create jobs 51), Hände: Shutterstock.com (Andrey_Popov)

Fotomodelle: Jenny Roth, Benedikt Gradl, Helge Sturmfels, Anna Preyss, Christian Mathes, Sergio Lupia, Mônica Krausz-Bornebusch, Rosana Fußeder, Leila Almeida Forgas, Benjamin Stadler, Berthold Götz, Werner, Marco und Sarah Diewald, Annalisa Scarpa-Diewald, Petra Schwinghammer, Sabrina und Sara Cherubini, Eva und Rainer Grohmann, Christina, Bruno und Florian Marano

Sprecher und Sprecherinnen: Thomas Bauer, Felix Binder, Peter Bocek, Margit Doubek, Friederike Haas, Heidemaria Hager, Andreas Hajdusic, Bernhard Horn, Dorothea Horn, Helmut Maierhofer, Andrea Nitsche, Clemens Oppolzer, Günther Pfeifer, Cornelia Schmidt, Claudia Schönbauer, Petra Schweinberger, Lukas Weber, Franziska Wohlmann, Eveline Wohlmann, Andreas Wolf, Peter Veit, Florian Marano

Video-Clips zu Linie 1

Zwei Wege zu den Videos:
Entweder: Rufen Sie die Videos über Klett Augmented auf:
Oder: Scannen Sie den QR-Code und sehen
Sie das Video zum Kapitel.

GELD VERDIENEN

Kapitel 9

Kapitel 13

Kapitel 10

Kapitel 14

Kapitel 11

Kapitel 15

Kapitel 16

Die Rollen und die Darsteller

Eleni Dumitru:	Jenny Roth	Kamera:	Johann Büsen
Pablo Puente:	Benedikt Gradl	Ton:	Andreas Scherling
Ben Bieber:	Helge Sturmfels	Musik:	Annalisa Scarpa-Diewald (Tonstudio Plan 1)
Frau Bergmann:	Verena Schönhofer	Postproduktion:	Andreas Scherling
Markus:	Florian Marano	Drehbuch und Regie:	Theo Scherling
Selma:	Christina Marano	Zeichnungen:	Theo Scherling
Dennis:	Bruno Marano	Produktion:	Bild & Ton, München

Links

Online-Übungen unter www.klett-sprachen.de/linie1/uebungenA1
Im Buch steht: www→A1/K1 Klicken Sie *Übungen A1 → Kapitel 1* an.
Besuchen Sie auch unsere Internet-Seite: www.klett-sprachen.de/linie1-oesterreich

Audiodateien zum Download unter www.klett-sprachen.de/linie1-oesterreich/audioA1   Code: L1A-a1?A
Videodateien zum Download unter www.klett-sprachen.de/linie1-oesterreich/videoA1   Code: L1A-a1!V
Arbeitsanweisungen in vielen Sprachen unter www.klett-sprachen.de/linie1/arbeitsanweisungenA1

Kurssprache

Das sagt der Lehrer / die Lehrerin:

Lesen Sie.

bla bla bla

Sprechen Sie.

Hören Sie.

Schreiben Sie. / Notieren Sie.

Markieren Sie.

Ordnen Sie zu.

Verbinden Sie.

Ergänzen Sie.

Unterstreichen Sie.

Kreuzen Sie an.

Das sagen Sie:

Wie heißt das auf Deutsch?

Wie schreibt man das?

Können Sie das bitte wiederholen?

Sprechen Sie bitte langsamer.

Ich verstehe das nicht.

Wie spricht man das aus?

Ich habe eine Frage.

Im Kursraum

das Buch

das Heft

das Blatt

der Radiergummi

der Kugelschreiber / der Stift

der Marker

der Bleistift

der Spitzer